Rzeczy, których nie wyrzuciłem

Marcin Wicha

Rzeczy, których nie wyrzuciłem

Wydawnictwo Karakter
Kraków 2017

Wstęp

To jest historia o rzeczach. I jeszcze o gadaniu. Czyli – o słowach i przedmiotach. Jest to także książka o mojej matce, i z tego powodu nie będzie zbyt wesoła. Kiedyś sądziłem, że ludzi pamiętamy, dopóki możemy ich opisać. Teraz myślę, że jest odwrotnie: są z nami, dopóki nie umiemy tego zrobić.

Dopiero martwych ludzi mamy na własność, zredukowanych do jakiegoś obrazka czy kilku zdań. Postaci w tle. Teraz już wiadomo – byli tacy albo śmacy. Teraz możemy podsumować całą tę szarpaninę. Rozplątać niekonsekwencje. Postawić kropkę. Wpisać wynik.

Ale jeszcze nie wszystko pamiętam. Dopóki nie mogę ich opisać, jeszcze trochę żyją.

Czterdzieści lat temu – nie rozumiem, dlaczego akurat ta rozmowa nagrała się w mojej pamięci – narzekałem na jakąś audycję edukacyjną w Polskim Radiu, a moja matka powiedziała: „Nie wszystko w życiu da się zamienić na śmieszne historyjki". Wiedziałem, że to prawda. Mimo to próbowałem.

W książce o designie wspomniałem, że w naszych egzemplarzach miesięcznika „Ty i Ja" brakowało stron z przepisami kulinarnymi. Tym razem napiszę, jak je odnalazłem.

Część 1
Kuchnia mojej matki

Masa spadkowa

Nie mówiła o śmierci. Tylko raz. Nieokreślony ruch ręką, machnięcie w stronę półek:

– Co z tym wszystkim zrobisz?

„To wszystko" oznaczało jeden z tych systemów, które kupuje się w Ikei. Metalowe szyny, wsporniki, deski, papier, kurz, rysunki dzieci poprzyczepiane pineskami. A także pocztówki, pamiątki, pomarszczone ludziki z kasztanów, zeszłoroczne bukiety z liści. Musiałem jakoś zareagować.

– Pamiętasz Mariuszka z naszej szkoły?

– Bardzo miły – odparła, ponieważ pamiętała, że go nie lubiłem.

– Parę lat temu byliśmy z Martą u jego teściowej, mieliśmy coś zawieźć albo przywieźć, coś dziecinnego, kojec czy coś.

– Ile ma dzieci?

– Nie wiem, ale teściowa nie mogła się go nachwalić. Mówiła, że kiedy zaczął jej przeciekać dach, to Mariuszek sfinansował nowy z dachówki bitumicznej, bardzo drogi, i powiedział: „O pieniądze niech się mamusia nie martwi, wszystko zostaje w masie spadkowej".

– I co u niego słychać?

– Nie wiem, pracuje w kancelarii. Nie martw się o masę spadkową. Jeszcze jest czas.

Ale czasu nie było.

Moja matka uwielbiała zakupy. W najszczęśliwszych latach swego życia codziennie po południu wyruszała do sklepów. „Chodźmy na miasto" – rzucała. Kupowali z ojcem niepotrzebne drobne przedmioty. Imbryczki. Scyzoryki. Lampy. Automatyczne ołówki. Latarki. Nadmuchiwane podgłówki, pojemne kosmetyczki i różne pomysłowe gadżety, które mogą się przydać w podróży. Było to dziwne, ponieważ nigdzie się nie wybierali.

Potrafili wędrować przez pół miasta w poszukiwaniu ulubionego gatunku herbaty lub nowej powieści Martina Amisa.

Mieli ulubione księgarnie. Ulubione sklepy z zabawkami. Ulubione punkty napraw. Zawierali przyjaźnie z różnymi – zawsze bardzo, bardzo miłymi – ludźmi. Panią z antykwariatu. Panem od scyzoryków. Panem od jesiotra. Małżeństwem od lapsang souchong.

Każdemu nabytkowi towarzyszył rytuał. Zauważali jakiś nadzwyczajny egzemplarz – w sklepie z używanymi lampami, gdzie urzędował Pan od lamp, bardzo sympatyczny obywatel – żeby użyć dziarskiego określenia mojego ojca.

Oglądali. Pytali o cenę. Dochodzili do wniosku, że ich nie stać. Wracali do domu. Cierpieli. Wzdychali. Kręcili głowami. Obiecywali sobie, że kiedy będą przy pieniądzach, co powinno nastąpić już wkrótce, to wtedy muszą koniecznie...

Przez kolejne dni rozmawiali o tej niedostępnej lampie. Zastanawiali się, gdzic ją ustawić. Upominali się wzajemnie, że jest zbyt droga. Lampa żyła z nimi. Stawała się częścią gospodarstwa.

Ojciec opowiadał o jej nadzwyczajnych cechach. Szkicował na serwetce, jak wyglądała (miał świetną pamięć wzrokową), wskazując na oryginalność pewnych rozwiązań. Podkreślał, że kabel ma tekstylną izolację, prawie nie przetartą. Zachwalał bakelitowy włącznik (już widziałem, jak będzie go rozkręcał jednym ze swoich śrubokrętów).

Czasami jeździli ją odwiedzić. Popatrzeć. Podejrzewam, że nigdy nie wpadli na to, żeby przy okazji negocjować cenę. W końcu kupowali.

Byli idealnymi klientami. Dobroduszni. Uprzejmie zainteresowani nowym asortymentem. Potem ojciec dostał zawału w jakimś centrum handlowym po wypróbowaniu zielonego frugo. Zdążyliśmy jeszcze pożartować na ten temat. Nawet lekarz z pogotowia uznał, że to zabawne.

Został cienki strumyk. Pilot od telewizora. Pudełko z lekami. Miska do wymiotowania.

Rzeczy, których nikt nie dotyka, stają się matowe. Blakną. Meandry rzeki, trzęsawiska, muł.

Szuflady wypełnione ładowarkami od starych telefonów, zepsutymi piórami, wizytówkami sklepów. Stare gazety. Zepsuty termometr. Wyciskacz do czosnku, tarka i to, jak to się nazywa, śmialiśmy się z tego słowa, tyle razy się powtarzało w przepisach, mątewka. Mątewka.

I przedmioty już wiedziały. Czuły, że wkrótce będą przesuwane. Przekładane w niewłaściwe miejsca. Dotykane cudzymi rękami. Będą się kurzyć. Będą się rozbijać. Pękać. Łamać pod obcym dotykiem.

Wkrótce nikt już nie będzie pamiętał, co zostało kupione w ośrodku węgierskim. Co w desie. Co w cepelii. Co w antykwariacie, w czasach prosperity. Potem przez kilka lat przychodziły życzenia firmowe w trzech językach, zawsze ze zdjęciem jakiegoś platerowanego drobiazgu. Potem przestały. Może właściciel stracił nadzieję na dalsze zakupy. Może zamknął interes.

Nikt już nie będzie pamiętał. Nikt nie powie, że trzeba skleić tę filiżankę. Wymienić kabel (gdzie taki znaleźć?). Tarki, miksery i sitka zamienią się w śmieci. Zostaną w masie spadkowej.

Ale przedmioty szykowały się do walki. Zamierzały stawić opór. Moja matka szykowała się do walki.

– Co z tym wszystkim zrobisz?

Wiele osób stawia to pytanie. Nie znikniemy bez śladu. A nawet jak znikniemy, to zostaną nasze rzeczy, zakurzone barykady.

Dopóki

– Że to jestem ja? No, skoro tak mnie widzisz... – Nie była łatwym odbiorcą laurek. Nie była łatwym modelem. Właściwie pod żadnym względem nie było z nią łatwo.

W czwartej klasie mieliśmy zadanie: „Opisz swoją matkę", a raczej „mamę", bo szkoła lubowała się w zdrobnieniach. Boże, odpuść mi, bo napisałem: „Moja matka ma ciemne włosy i jest raczej tęga". Dzieci mają inne pojęcie na temat miar i wag.

Pani od polskiego ważyła sto kilo i podkreśliła zwrot „raczej tęga". Przycisnęła długopis z taką siłą, że przepiłowała papier. Na marginesie wyryła słowa: „Nie powiedziałabym". Matka rzadko zgadzała się z systemem edukacji, ale wtedy była zadowolona.

Poza tym miała to, co zacni współobywatele określali jako yhm. Podkreślam: „zacni". Mniej zacni nigdy nie mieli problemów z wymową.

W ostentacji jej rysów było coś zbijającego z tropu. Miała, yhm, wygląd. Wygląd osoby, która ma, yhm, yhm, pochodzenie. A jakie pochodzenie? – Yhm. Upf. Powinien istnieć specjalny znak interpunkcyjny. Graficzny odpowiednik skurczu krtani. Przecinek się nie nadaje. Przecinek to klin na złapanie oddechu, a tu potrzebny jest typograficzny węzełek, wybój albo potknięcie.

Ciężka sprawa z takim wyglądem. Miałem znajomego, który używał określenia „N. nie jest niepodobny do Jerzego Kosińskiego". Przy czym N. wcale nie musiał przypominać sławnego pisarza. Mógł być, powiedzmy, niskim, beczułkowatym poczciwiną bez obroży, bryczesów i pejcza, obdarzonym jednakże wyraźnym yhm.

Trzymając się tej terminologii, moja matka też nie była niepodobna do Jerzego Kosińskiego. „Teraz to ja jestem stara Żydówa" – powiedziała któregoś dnia w 1984 roku. W istocie była wtedy młodsza niż ja dzisiaj. Ale fakt. Miała yhm. Yhm, że hej.

Kiedy umarła, ludzie napisali różne miłe rzeczy. Utytułowana koleżanka przypomniała, że w swoim czasie była świetną studentką. Wróżono jej przyszłość w nauce. Wszyscy się spodziewali, że zostanie na uczelni.

Jednak spędziła całe życie w poradnictwie zawodowym na Muranowie. Jej poradnia zmieniała kolejne siedziby w obrębie dzielnicy, by wreszcie wprowadzić się do domu przy samym Umschlagplatzu (a ile to kłopotów z konserwatorem zabytków).

Urzędowała więc na niewidzialnych gruzach getta. W przydziałowym białym fartuchu – na lamówce wypisano jej nazwisko, ale ślad flamastra rozpuścił się w praniu – podsuwała dzieciom szkatułki ze zmyślnymi łamigłówkami. Testy opatrzone nazwiskami niemieckich profesorów. Labirynty. Zamki z zapadkami. Otwory w kształcie figur geometrycznych. Talie kart z obrazkami. Podchwytliwe zagadki sprawdzające wiedzę ogólną. Zastanów się cierpliwie, który obrazek nie pasuje do pozostałych. Masz mnóstwo czasu. Tik tak – ochoczo potwierdzał stoper.

Wiosną informowała zbolałe panienki, które obcięły się na egzaminie wstępnym do ogólniaka, że są jeszcze miejsca w technikum budowy traktorów w Ursusie. Przez większą część roku występowała jako ktoś w rodzaju obrońcy z urzędu. Jednoosobowy komitet ratowania nieszczęśników rozjechanych przez system edukacji. Adwokat dzieci na granicy normy, zbierających łomot przez wszystkie lata szkolnej gehenny. Opiekunka upartych wagarowiczów. Nieszczęśników, którzy brzydko pisali i robili błędy ortograficzne, toteż nikt – oprócz mojej matki – nie zauważył, że zgromadzili imponującą wiedzę na temat materiałów wybuchowych, samurajskich mieczy i marszałka Paulusa.

W 1987 roku toczyła wojnę z jakąś potworną chemiczką, bio100żką czy kimś takim. Nauczycielka należała do ścisłej elity warszawskich pedagogów, miała na koncie sporo młodocianych depresji, nerwic i prób samobójczych.

Rozmawiając z nią w sprawie któregoś ze swoich pacjentów, matka powiedziała: „Pani jest bezwzględna".

– Jaki ty masz bogaty język – pochwaliła przyjaciółka, której to później opowiedziała.

– Muszę tak mówić – wyjaśniła matka. – Przecież nie mogę tej głupiej kurwie powiedzieć, że jest głupią kurwą.

Terroryzowała ludzi, mówiąc im prawdę w oczy. Nie milkła, kiedy innym było wygodnie, żeby milczała. Nie reagowała na nasze „Psst", „Daj już spokój" i „Nie tak głośno".

Wiele osób mówiło, że była silna. Chyba nie, ale pogardzała bezradnością. Miała na półce *Leki współczesnej terapii* (żeby nie być skazaną na lekarza). Miała sto książek kucharskich. Notes z milionem telefonów na każdą okazję. Na przełomie roku odbywało się nerwowe szukanie wkładów do notesu – co było trudne ze względu na jakiś ogromnie nietypowy rozkład dziurek i pierścieni skoroszytu. W końcu się udawało i notes puchł od kolejnych kartek, aż pasek z zatrzaskiem przestał się domykać.

Jak to ujął Don w trzecim *Ojcu chrzestnym*: „Jedynym prawdziwym bogactwem są wpływowi przyjaciele". Sądzę, że miał na myśli faceta od pralki i lekarza, który podaje swój prywatny numer.

Uczyła, że od rodziny ważniejsi są przyjaciele. Że liczyć można tylko na koleżanki z liceum.

Poza tym: awanturowała się w kioskach. Zmuszała kioskarzy, żeby wyjmowali z „Gazety Wyborczej" dodatki reklamowe. W razie oporu sama potrząsała i spomiędzy kartek sypał się deszcz ulotek, cenników sprzętu elektronicznego, kuponów rabatowych i próbek.

Szczególnie irytowały ją kolejne zeszyty typu „Święci i cuda. Część czwarta: lewitacja, bilokacja, uzdrowienia". Pastwiła się także nad cykliczną antologią miejsc pielgrzymkowych.

– Ale ty nie umrzesz? – spytałem kiedyś.

– Umrę. Każdy umrze.

– Ale ty nie umrzesz?

– Umrę, ale dopiero kiedy nie będziesz mnie potrzebował.

Miałem pięć lat i w pierwszej chwili uznałem tę odpowiedź za satysfakcjonującą. Negocjacje w kwestii śmierci nie należą do łatwych. Jak mówią związkowcy, uzyskałem maksimum tego, co było możliwe w obecnej sytuacji. Dopiero z czasem zrozumiałem, że postawiła mi warunek. „Dopiero kiedy nie będziesz mnie potrzebował". Niepotrzebna obumierała. Sto procent żydowskiej matki.

Kamienie

Ciężki, brunatny, prawie czarny, kształtem przypominał bryłę masła. W każdym gospodarstwie domowym był taki przedmiot: latem przyciskał pokrywkę na kamionce z zielonymi ogórkami, koprem i czosnkiem. Kamień mojej matki.

Kamienie ojca były bezużyteczne. Szczególnie lubił otoczaki. Z jasnymi wypukłymi żyłkami. Albo czerwone i porowate. Albo białe. Ciemnoszare.

Nie interesował się geologią. Odróżniał krzemień, granit, wapień z zatopionymi muszlami. Piaskowiec na elewacje, marmur na nagrobki, grys do wysypywania ścieżek. Jednak należał do ludzi, którzy patrzą pod nogi. Nie potrafił przejść obojętnie nad doskonałą formą. Nad morzem zbierał szkiełka i ułomki porcelany. Nigdy nie wzgardził kawałkiem wypłukanej cegły. Otoczak z cegły – koprodukcja człowieka i natury. To mu się podobało.

Przynosił je w kieszeniach. Przywoził z wakacji, a potem, z braku lepszego pomysłu, wsypywał do doniczek. W naszym domu każdy nieszczęsny fikus wyrastał z miniaturowych kocich łbów. Dzieląc, w mniejszej skali, smutny los miejskich drzew.

Nie kłócili się o to. W ogóle rzadko się kłócili. Byli jak dwie przeciwstawne siły. Płyty tektoniczne napierające na siebie. Matka narzekała. Ojciec zgłaszał pretensje. Zaznaczali stanowiska, trwali w równowadze. Czasem trochę lawy i popiołu.

Kiedy ojciec umarł, matka wciąż dbała o swoje rośliny. Kupowała w kwiaciarni nawóz i spray przeciw mszycom. Wyjeżdżając, ustawiała kroplówki z ceramicznym drenem, żeby woda spadała kropla za kroplą. Ale woda z trudem drążyła drogę ku bryle korzeniowej, bo matka nigdy nie wyrzuciła kocich łbów.

Czasem tylko wybierała któryś szczególnie piękny kamyk i niosła na grób ojca. Jednak zaraz uzupełniała lukę nowym znaleziskiem. Jeżeli po śmierci ojca geranium i woskowiec liczyły na złagodzenie reżimu, musiały się srogo zawieść.

Makulatura

A teraz nie żyje. Siedzę w jej mieszkaniu. Wszystko
zniknęło. Zostały tylko książki.

Były naszym tłem. Tkwiły w każdym kadrze. Znałem
ich grzbiety, zanim rozpoznałem w czarnych znakach
litery. Całe życie z nich wróżyłem. Szukałem puent.
Najpierw próbuję dzwonić po znajomych.

Pierwsza próba.

– Pomyśleliśmy, że może chciałabyś... – liczba mno-
ga ma sugerować długą naradę rodzinną, coś w sty-
lu „wykonawcy testamentu pragnęli powierzyć" albo
„któż inny mógłby przejąć pieczę". – Może chciałabyś
zobaczyć, tu jest sporo książek o psychologii.

– Nie ma mowy.

– Chociaż przejrzeć?

– Nie mamy już gdzie trzymać książek. Zresztą umó-
wiłam się z Zygmusiem, że za każdym razem, kiedy
kupujemy nową, to pozbywamy się jednej starej.

– Ale kto mówi o kupowaniu?

– Nie.

Druga próba.

– Matka na pewno chciała, żebyś...

– Nie.

Trzecia próba.

– Jest tu trochę książek, które chyba należą do ciebie. Chciałbym je zwrócić. A może chcesz coś jeszcze? Trochę kryminałów?

– Już nie czytam kryminałów.

Czwarta próba. Przez chwilę świta nadzieja.

– Musimy się pozbyć książek.

– A masz coś o Żydach, ale żeby nie było o Holokauście?

– Chcesz Nowy Testament?

Antykwariat. Szukaj, Google'u, szukaj.

„Cała Polska. Dobre ceny". Nikt nie odbiera.

„Dojazd gratis. Szybka wycena. Gotówka". Nikt nie odbiera.

„Dojeżdżamy. Kupujemy". Ktoś odbiera. Mówi, że nie dojeżdżają i nie kupują.

Wreszcie trafiam.

– Muszę się pozbyć części książek – zaczynam. Zwalczam pokusę tłumaczenia dlaczego. Nie będę nic wyjaśniał. Po prostu chcę, żeby się rozproszyły. Rozsypały jak listy z banku, które ojciec metodycznie darł na strzępki. Cegła z rozbiórki. Organy do przeszczepu.

– Muszę się pozbyć książek. Jest ich dość dużo.

– Kiedy? – pyta antykwariusz.

– W ciągu tygodnia.

– To lepiej dajmy sobie spokój. Mam czas najwcześniej za dwa tygodnie.

– Niech będzie za dwa. Dużo beletrystyki. Powieści z lat dziewięćdziesiątych. Ładne wydania – mówię chytrze – Rebis...

– Znam.

– ...ale jest też czterotomowa encyklopedia PWN – dodaję. Nie wspominam, że encyklopedia pochodzi z epoki stanu wojennego i każdy tom oprawiono w inne płótno.

– To już makulatura, od razu panu mówię.

– Są też różne poradniki. – Na wszelki wypadek nie wspominam o *Diecie antyrakowej*. Okazała się bezwartościowa.

– Makulatura.

– Słowniki?

– Makulatura.

Robi mi się głupio przed dwutomowym Stanisławskim.

– Klasyka polska? – pyta podchwytliwie antykwariusz. – Sienkiewicz? Reymont? Żeromski?

– Skądże – kłamię. – No, może trochę Prusa.

– Makulatura! Orzeszkowa makulatura. Dąbrowska makulatura. Tego już nawet nie kupuję.

Gdzieś na górnej półce stoją niedobitki Prusa, *Emancypantki*, kawałek *Faraona*, resztki *Kronik tygodniowych*.

Zbiorowe wydania zawsze wyglądają jak wojsko. Ale teraz zielone płótno jest poprzecierane, wyblakłe i brudne. Rozbity oddział o niskim morale. „Hej, ty brzozo, hej, ty brzozo-płaczko, smutno szumisz nad jego tułaczką"... Kiedyś stacjonował gwardyjski pułk Puszkina w granatowej oprawie. Został już tylko XIV tom, ułaskawiony z niezrozumiałych powodów.

– Żadnego Prusa! – kłamię.

– Jak pan spakuje w pudła, to mogę wziąć i przejrzeć – zgadza się antykwariusz.

Co mam powiedzieć? Facet skupuje księgozbiory. Prawdziwe księgozbiory po śmierci właścicieli przekazuje się bibliotekom czy muzeom. Mnie zostały książki. Nigdy nie przyszłoby nam użyć innego określenia. To jak z salonem i dużym pokojem. My mieliśmy książki w dużym pokoju.

Modne powieści, które wyszły z mody. Lektury spoza listy lektur. Wybrane tomy z dzieł zebranych. Pokój bez wojny. Początek końca świata szwoleżerów. Niekompletne dzienniki. Zapomniane debiuty. Nierozcięte tomy esejów.

I jeszcze fascynująca rzecz o samolocie Lindbergha – trzydzieści lat temu wyprosiłem ją w księgarni na Dąbrowskiego, bo mnie zachwyciły techniczne rysunki Spirit of St. Louis (podano nawet średnicę śmigła). Być może przez chwilę uwierzyłem, że zostanę modelarzem. Matka dała się przekonać, chociaż do moich planów podchodziła ze sceptycyzmem. Mówiła: „Kupię ci każdą książkę, przynajmniej nie jesteś kretynem".

Biblioteki są zapisami naszych czytelniczych porażek.

Jak mało w nich książek, które naprawdę nam się podobały. Jeszcze mniej takich, które podobają nam się przy kolejnej lekturze. Większość to pamiątki po ludziach, którymi chcieliśmy być. Których udawaliśmy. Których braliśmy za siebie.

Okładki

40.

Książki z lat czterdziestych są duże. Brązowe, zielonkawe, beżowe. Kolory ziemi i kiepskiego druku. Wiotkie kartonowe okładki wydają się o pół numeru za duże. Kruszą się. Staram się być ostrożny, ale i tak sypią się z nich kawałki papieru.

Klasyka. Teraz waham się, czy ułaskawić ostatnie egzemplarze. Dickens, Zola, Turgieniew, coś bez okładki, ale z nadrukiem „Premia roczna dla abonentów KDK". Trwała odbudowa. Mateusz Birkut kładł cegły. Drukarnie Czytelnika pracowały pełną parą. Ludzie potrzebowali czegoś w miejsce popiołu. Potrzebowali papierowych ścian. Puszkina, Romain Rollanda, powieści produkcyjnych, wszystkiego.

Z domu dziadków pamiętam trawiastozielony płot z Balzaka. Imponującą palisadę *Historii powszechnej*. Chiński mur *Wielkiej encyklopedii powszechnej*.

50./60.

Potem następuje zmiana. Pojawiają się sympatyczne i niewielkie tomy z Iskier. Jakieś *Opowieści z dreszczykiem*, kryminały, pasiasty *Buszujący w zbożu*, Truman Capote z czarno-białymi rysunkami Młodożeńca.

Nadchodził czas serii Nike. Kolorowe tomy widać na przekroju geologicznym naszych półek. Znaczą warstwę lat sześćdziesiątych.

Dzisiaj grzbiety wyblakły. Różowy beż, zielonkawy beż, błękitny beż, wszystkie są rozmyte jak oko stulatka. Ale kiedy zaczynam zdejmować książki, okazuje się, że przednie okładki zachowały kolor. Stara okładka Vercorsa świeci purpurą, nim zniknie w pudle.

Małe formaty do małych mieszkań. Mała stabilizacja. Samochody mikrus, maleńkie Księstwo Warszawskie. Teksty z Kabaretu Starszych Panów, pełne miniaturowych rekwizytów i postaci, panienki, wdówki, drobne panie. Była także „odrobina mężczyzny".

I jeszcze:

– stacyjki (kolejowe),

– latarenki,

– nóżki i pantofelki,

– smuteczki,

– nieduża miłość,

– poryw uczucia niewielki.

Pod koniec dekady mój ojciec skrócił nogi w ładowskim stoliku. Wykazał się precyzją, jamnik wylądował na czterech łapach i stał pewnie przez następne lata (co ja z nim zrobię?).

Rodzice w swoim pierwszym małym mieszkaniu. Na czarno-białych zdjęciach wydają się drobni i dziecięcy. Potem jeszcze urośli. Utyli. Osiwieli. Pracowali.

Starali się. Byli odpowiedzialni, czasami zaangażowani, ale nigdy nie wydorośleli do końca. Nigdy nie upodobnili się do starszych – swoich rodziców – jakby gdzieś w środku zachowali poczucie skali z lat sześćdziesiątych.

70. po oficjalnym kursie
Na banknotach umieszcza się portrety z powodów pragmatycznych. Tak powiedział Andrzej Heidrich, projektant polskich pieniędzy. Portrety najtrudniej sfałszować. Drobna niedokładność, mocniej dociśnięta kreska, inaczej wyprofilowana powieka – i podrobiony bohater zmienia wyraz twarzy.

Promieniste linie wokół reaktora Ewa. Tory planet, zakreślające świecką aureolę Mikołaja Kopernika, sztandary, wężyki generalskie, zapisy nutowe – to tylko drobne, dodatkowe utrudnienia.

Zasadniczo banknot poznajemy po spojrzeniu. Sfałszowany banknot ma coś obcego w rysach twarzy.

Dlatego czujny kasjer podnosił papierek do oczu. Szukał świdrującego wzroku generała Waltera (przecież nie dość świdrującego, by wypatrzeć partyzantów z sotni „Chrina" i „Stacha"). Albo krótkowzrocznego spojrzenia Ludwika Waryńskiego. Łypnięcia Stanisława Moniuszki, lekko chyba zaniepokojonego nadciągającą kawalkadą zer.

Heidrich był też głównym grafikiem wydawnictwa Czytelnik. Na jego okładkach nie było portretów. Każdy przedmiot – i sylwetka – wyglądał jak emblemat. W tle splatały się ornamenty.

Na swój powściągliwy sposób projekty Heidricha bywały dowcipne lub sentymentalne.

Heidrich niczego nie sprzedawał. Ustalał hierarchie. Był narodowym bankiem polskiej literatury. Iwaszkiewicz stanowił najwyższy nominał. Dalej szedł w pełni wymienialny Ryszard Kapuściński. Potem Tadeusz Konwicki. Julian Stryjkowski. Proza obca. Józef Roth. Henry James, E.M. Forster.

To była solidna waluta. Chodziła po ustalonym, urzędowym kursie. Aż przyszedł krach.

80.
Trudności z papierem. Eufemizm. Jedno z wyrażeń, które zawsze nam towarzyszyły.

Trudności z papierem dotykały prasy katolickiej. Trudności z papierem sprawiały, że książki latami czekały na druk. Trudności z papierem – przez nie musiałem zanosić do punktu skupu stosiki starych gazet. Mężczyzna z obciętymi uszami ciskał gazety na wagę. Potem wypisywał kwit. Kto nie przyniesie kwitu, nie dostanie świadectwa – straszyli w szkole.

Polowanie na papier toaletowy. Polowanie na watę. Rysunki na pergaminie wyżebranym w mleczarni. Bure zeszyty. Kolejki po blok rysunkowy. Podania o przydział ryzy. Mikroskopijne formaty podziemnych gazetek.

W latach osiemdziesiątych trudności osiągnęły apogeum. Wtedy pojawiły się książki zebry. Każdą składkę drukowano na innym rodzaju papieru. Brzeg wyglądał jak przekrój geologiczny. Z warstwami białymi, żółtymi i szarymi. „Specjalnie tak robili?" – spytało moje dziecko na widok tomu Hłaski.

Dopiero w epoce transformacji wszystko rozbłysło. Książki świeciły. Reklamowe ulotki puszczały zajączki w słońcu. Jeszcze długo po 1989 roku wypadało podkreślać, że ulotkę, plakat czy broszurę wydrukowano na białym papierze. Najlepiej – na białym i błyszczącym. W telewizji uprzejmy pan zapewniał, że biel może być jeszcze bielsza. Wybielano koszule, obrusy i zęby.

90.

Najpierw czarna seria PIW-u. Dziesiątki czarnych, błyszczących grzbietów. Wydawca nie mógł zdecydować, czy tytuł powinien być napisany w dół czy w górę. Poobracane napisy były pewnym urozmaiceniem naszych półek. A potem przyszły lata dziewięćdziesiąte i rodzice zaczęli kupować powieści wydawnictwa Rebis.

Miały jaskrawe, fotograficzne okładki. Czasy banków zdjęć jeszcze nie nadeszły. Ktoś uczciwie układał kompozycje z kolorowych papierów Fabriano, kawałków materiału, szklanych kulek, zagranicznych map, sztucznych liści, parasolek koktajlowych zatkniętych w piasek i utopionych pod warstwą błyszczącego lakieru.

To był fajny widok. Najpierw zdyscyplinowane rzędy urzędników w czarnych garniakach. I nagle: czereda zadowolonych hippisów. Na naszych półkach zaczęły się wielkie wakacje. Rodzice nigdzie nie jeździli. Kupowali książki.

– To jest dobre? – pytałem sceptycznie.

– Mhm – odpowiadał ojciec – czterysta siedemdziesiąt dwie strony.

Kupując płyty, też zawsze sprawdzał czas odtwarzania. Siedemdziesiąt siedem minut Glenna Millera, bardzo dobra płyta.

– Poza tym dobrze o tym piszą – dodawał tonem usprawiedliwienia.

– Gdzie piszą? – pytałem, bo byłem młody.

– Na okładce – odpowiadał ojciec.

I rzeczywiście. Pod tytułem tkwiła czarna ramka. Drobna kursywa zapewniała „Błyskotliwe i zaskakujące. The Times". Niekiedy padały nazwy nagród literackich, o których nigdy nie słyszeliśmy („Tandoori Prize za Najlepszy Debiut Roku", „Joe Doe Prix 1992").

Jeżeli żaden recenzent nie zdobył się na dobre słowo – cudzysłów znikał. Napis w ramce głosił, że trzymamy w ręku najlepszą powieść autora (od czasu jego poprzedniej książki).

Wszystko to rozwiewało wyrzuty sumienia moich rodziców. Kolorowa półka rosła. Lata dziewięćdziesiąte trwały w najlepsze.

Wycieram książki z kurzu. Elektrostatyczna ścierka przypomina ręcznik. No już. Zaraz zrobi się ciepło. Wszystko będzie dobrze (i bach do pudła).

Jak

Była lękowa. Był lękowy. Byli lękowi. Lubiła sięgać po zawodowy żargon. Gdzieś wyły syreny. Trzasnęły drzwi. Huknęło. Wysoki poziom lęku – mówiła.

Zawodowy żargon był świetny. Pamiętam siwą panią profesor, jedną z przedmarcowych nauczycielek mojej matki, która snując opowieść o Kafce, wtrąciła: „Też nieźle zaburzony, swoją drogą". Załatwiła kolegę w pięciu słowach. Załatwiła równoważnikiem zdania. Partykuła „też" stawiała go w długim rzędzie podobnych przypadków. Biedny Franz.

Też nieźle – i po raz pierwszy zrozumiałem, czym kierowała się matka, wybierając swój zawód. Bo matka zawsze tak mówiła. Rzeczowo. Bez roztkliwiania. Może się nauczyła na studiach. Wysoki poziom lęku. Spadek nastroju. Granica normy.

Do końca uzupełniała księgozbiór zawodowy. Na górze stoją zielonkawe i brudnoróżowe tomy. Okładki ponure jak poczekalnia w poradni zdrowia psychicznego. Przedmiot zainteresowań mojej matki streszczają następujące tytuły:

Lęk
Lęk, gniew, agresja
Melancholia
Schizofrenia
Przemoc seksualna

W układaniu książek matka bywała skrupulatna, toteż grzbiety tworzą opowieści, niekiedy niepozbawione ironii.

Wstęp do psychoanalizy
Psychoanalityczna rewolucja
Psychoanaliza
Zmierzch psychoanalizy

W tytułach powraca słowo rozwój (Jak twój rozwój w bieżącej pięciolatce?). Rozwinięty. Nierozwinięty. Niedorozwinięty. Straszne słowo, które krążyło nad szkołami. Oskarżenie i wyrok. – Niedorozwinięty – wrzeszczały panie nauczycielki. – Pójdziesz do szkoły specjalnej.

Rozwój psychiczny dziecka
Rozwój ocen moralnych dziecka
Zaburzenia okresu dojrzewania
Inteligencja, wola i zdolność do pracy
Młodzież a przestępstwo

Patrząc na ten zestaw, można sobie wyobrazić sfrustrowanego i nieszczególnie inteligentnego małolata, który zamiast podjąć pracę w fabryce, ulega złym wpływom – niewątpliwy skutek niewystarczająco rozwiniętych ocen moralnych – i trafia przed oblicze sądu dla nieletnich.

Na niższych półkach zaczyna się epoka jasnych i miękkich okładek. Matka uzbierała cały kącik książek o szczęśliwym ciele. Wyzwolonej duszy. Przełamanym poczuciu winy. Najpierw trzeba się było oczyścić z trucizn („toksyczny" wygrał plebiscyt na przymiotnik dekady).

Toksyczni rodzice
Toksyczna rodzina
Toksyczna praca
Jedynacy

Fakt, że ustawiła *Jedynaków* właśnie w tym miejscu, wzbudził mój niepokój. A dalej hit:

Toksyczna miłość i jak się z niej wyzwolić

Lata dziewięćdziesiąte to królestwo zaimka „jak". Wszystko stało się możliwe. Problemy zgromadzone w zakurzonych tomach doczekały się lekarstwa. Rozwiązania były gotowe. Trzeba było tylko wiedzieć jak.

Depresja i jak ją przezwyciężyć
Jak ratować związek

Jak wychować szczęśliwe dziecko
Jak opanować złość, zanim ona opanuje ciebie
Jak żyć szczęśliwie i aktywnie wbrew dręczącym nas obawom
Jak pomóc
Jak mówić
Jak słuchać

W komunizmie trwało ćwiczenie w sztuce trwania. Zachować kapitał. Nie roztrwonić zaliczki. Pozostać porządnym człowiekiem. W kapitalizmie ludzie są instruowani w sztuce zmiany. Jak ćwiczyć umysł, mięśnie, jak zrzucić kilogramy, być lepszym ojcem, świadomym konsumentem, zdrowym nieboszczykiem. Z kolejnych grzbietów bił optymizm.

Bezpieczny dom
Szkoła dla ucznia
Szkoła bez lęku
W zgodzie z sobą i uczniem
Edukacja wzbogacająca życie
Wystarczająco dobrzy rodzice
Cleo się bawi

Ostatnia książka – jak się przekonałem – to powiastka inspirowana dobranocką *Clifford – wielki czerwony pies*. Najwyraźniej czekała, wepchnięta pomiędzy depresje i zaburzenia łaknienia, na wizytę wnuczek. Pomyślała o wszystkim. Znajduję nawet książeczkę pod tytułem: *Jak likwidowałam dom moich rodziców*. Odkładam ją na bok.

Książki dla dzieci

Była wybitną babcią. Znawczynią hurtowni z klockami Lego. Bywalczynią hobbistycznych sklepików z najbogatszym wyborem łamigłówek, rozwojowych klocków i puzzli dostosowanych do wieku jej wnuczek.

Wystarczyło jedno pokolenie, żeby wyświechtane karty testów, którymi katowała mnie w dzieciństwie, zamieniły się w przyjazne, kolorowe zabawki dla moich dzieci.

Ulubione sklepy bankrutowały jeden po drugim. Odprowadzała je na wieczną wartę. Podczas finalnej wyprzedaży przejmowała resztki towaru i opuszczała pusty lokal.

Niekiedy – próbując się ratować przed upadkiem – właściciele porzucali ambitny asortyment i próbowali sprzedawać jakąś tandetę. Wtedy matka ogłaszała bojkot i szukała następnego przedsiębiorcy z genem samozniszczenia.

Była krytyczną czytelniczką literatury dziecięcej. Na półkach gromadziła piękne i wartościowe pozycje.

Bogato ilustrowane książki o pingwinach gejach. O niedźwiadkach z osobowością graniczną. O królikach, do których norek wtargnęła wojna. Książeczki o wiewiórkach uchodźcach. Książeczki z szarym tłem, zachmurzonym niebem, bezkompromisowym brakiem kolorów (gama: jesień w Ługańsku).

Jednakże potrafiła docenić prawdziwy kicz. Myszy w szkole baletowej. Olśniewające hiperrealistyczne ilustracje z milionem szczegółów – ilustracje, które można było oglądać godzinami, wypatrywać najdrobniejszych rekwizytów i wreszcie odkryć, że maleńka, ukryta w cieniu ramka zawiera dagerotyp przedstawiający mysiego pradziadka (bokobrody i porcelanowa fajka, na której – nie do wiary – wymalowano maleńką mysz w mundurze spod Mausterlitz).

„Pracuję na nieśmiertelność" – mówiła. Układała cudze wspomnienia. Żeby kiedyś dzieci zrozumiały, że chwile spędzone w jej mieszkaniu, wśród książek z ilustracjami i filmów na wideo, były jedynymi momentami idealnego spokoju. Że tylko tam było bezpiecznie. Może się nie myliła.

Kto pocieszy

Pamiętam jesień, kiedy kupowaliśmy *Kto pocieszy Maciupka*. Było to jedno z pomniejszych dzieł Tove Jansson, cienka książeczka z mnóstwem ilustracji. Nic z niej nie pamiętam, oprócz tytułu.

Ale wtedy, każdego popołudnia wyruszaliśmy z matką do księgarni w nowym domu przy Madalińskiego. Dziś już nie jest nowy i pewnie się tam wprowadził jakiś bank, apteka albo biuro telefonii komórkowej.

Jedna z ekspedientek wydawała się bardziej przychylna od pozostałych. Matka bezbłędnie wyczuwała takie rzeczy. Zawsze umiała znaleźć słabsze ogniwo wśród personelu.

Dlatego dzień w dzień maszerowaliśmy, brodząc w liściach topoli, żeby zadać rytualne pytanie:

– Czy jest *Kto pocieszy Maciupka*?

Wcale nie liczyliśmy na odpowiedź twierdzącą. Gdyby Maciupek pojawił się rano, natychmiast zostałby sprzedany. Zniknąłby z półki, zanim my zdążylibyśmy wyjść z poradni (w przypadku matki) czy szkoły.

Dlaczego więc tygodniami stawaliśmy przed ladą, powtarzając naszą kwestię? Otóż prowadziliśmy długofalowy program zmiękczania sprzedawczyni. Musieliśmy ją przekonać, że nam zależy. Że pragniemy Maciupka mocniej niż ktokolwiek w dzielnicy. Zasługujemy na niego bardziej niż gapowaty siostrzeniec koleżanki z mięsnego, nawet gdyby Maciupek miał zostać wymieniony na pewną ilość parówek czy woł-cielu. I na pewno bardziej niż cholerni emeryci, którzy szwendają się rankami i wykupują atrakcyjne nowości wydawnicze.

Szczególnie jeden nam podpadł. Nosił garnitur, czesał się na pożyczkę, sypał dwuznacznymi komplementami. Posunął się do tego, że proponował pani księgarce małżeństwo i dostarczał wyrobów czekoladopodobnych. Nie było jasne, po co mu *Kto pocieszy Maciupka*. Może obiecał sprzedawczyni w sklepie ze słodyczami? To tworzyłoby zamknięty obieg dóbr.

Zagrażali nam nawet konwojenci z Domu Książki. Rankami rozwozili nowości i oczywiście kradli na potęgę. Znajomy rodziców bronił jednego z nich przed sądem.

– Jeśli wyjdę niżej piątki, to cały mój księgozbiór dla pana mecenasa – zapewniał oskarżony.

– Akurat. Wszyscy tak obiecują – mruczała pani mecenasowa, a ja sobie wyobrażałem bibliotekę konwojenta, pełną rzadkich wydań, cennych egzemplarzy, z Maciupkiem na honorowym miejscu.

Do mnie należało wzruszanie ekspedientki, podczas gdy matka zawiązywała z nią rodzaj konspiracji.

Wszystko w jednym celu.

Któregoś dnia przywiozą wreszcie Maciupka. Wtedy ekspedientka przypomni sobie naszą wytrwałość. Pomyśli: Dobrze, już dobrze, tyle się naczekali, i odłoży jeden egzemplarz pod ladę. Ryzykując zemstę kolejki, konsekwencje służbowe, zesłanie na Sybir. Zrobi to dla nas! Dla tego sympatycznego chłopca i jego ciemnowłosej mamusi.

Matka reżyserowała tę fabułę w dobrej wierze. Chciała mnie przekonać, że świat nie odmówi czegoś, na czym naprawdę nam zależy. Każdemu według potrzeb, pod warunkiem że potrafimy tę potrzebę przekonująco uzasadnić i okazać.

Zawsze biegłem przodem. Wpadałem do księgarni zdyszany. Od progu wołałem – Dzień dobry! – nigdy nie zapominałem o formach grzecznościowych – a potem, już bardziej dyskretnie, ściszonym głosem:

– Czy jest *Kto pocieszy Maciupka*?

– Nie – odpowiadała sprzedawczyni.

Przełom nastąpił w listopadzie. Stanąłem przed ladą, ale zanim otworzyłem usta, ekspedientka rzuciła:

– Nie, dziś nikt nie pocieszy Maciupka.

Uznaliśmy z matką, że to dobry znak. Ekspedientka okazała, że nas pamięta. Zażartowała. Zdecydowanie byliśmy na właściwej drodze. Byle teraz nie zwątpić. Byle nie stracić cierpliwości.

Zaczęły się przymrozki. Popołudniową trasę przemierzaliśmy wśród ciemności. Po drodze deptałem zmrożone liście i cienki lód na kałużach. Wreszcie przyszedł ten dzień.

– Czyjestktopocieszymaciupka? – spytałem rutynowo.

– Było wczoraj – odparła pani księgarka. I żaden muskuł nie drgnął na jej twarzy.

To był cios. Nawet nie z powodu Tove Jansson. Nie z powodu zdrady. Poczułem, że jeszcze chwila i zrozumiem coś ważnego na temat świata, sprawiedliwości i obietnic. Grunt zaczął się usuwać spod nóg, może po raz pierwszy poczułem tę pustkę – i zareagowałem w jedyny możliwy sposób. Pobiegłem do matki.

– Nie ma! – wrzasnąłem. – Był wczoraj.

– Mhm – przytaknęła niewzruszona. – Chodźmy.

– Dokąd?

– Po Maciupka – odparła moja matka.

– Był wczoraj – powtórzyłem tępo.

– Wczoraj była niedziela – przypomniała matka i weszła do księgarni.

Nastąpił jeden z tych momentów – czasem tak bywa – gdy wszystkie przeszkody ustępują jak drzwi z fotokomórką. Pstryk. Sprzedawczyni dyskretnie podaje siatkę. Matka płaci. Wychodzimy szczęśliwi.

Mamusia Austen

Był to kojący widok (...). Angielska murawa, angielska kultura, angielski ład, oglądane w promiennym, lecz nie oślepiającym blasku słońca.

Jane Austen

Ten egzemplarz już wypadł z kategorii „stan dobry", nawet po dodaniu kompromisowego dopisku „lekkie naddarcia i zabrudzenia". W antykwariatach widziałem ludzi próbujących sprzedać takie szczątki. Obdartych nurków dźwigających łup z okolicznych śmietników. Licealistów sięgających do plecaka po *Rok na działce* wykradziony babci.

– A to?

Antykwariusz tylko kręci głową.

– Za to mogę dać złotówkę najwięcej.

Westchnienie zawodu. Wizja puszki piwa właśnie znika. Wahanie.

– Niech już będzie.

Więc nie ściemniajmy: stan zły. Brak przedniej okładki. Plama na tylnej. Luźne strony w środku. Uszkodzony grzbiet. Liczne naddarcia, zagniecenia, zabrudzenia. Papier sypie się w rękach.

Na stronie dwudziestej siódmej, na wewnętrznym marginesie znajduje się rysunek przedstawiający serce za kratą albo po prostu machinalna kombinacja prostopadłych i zakrzywionych linii (właścicielka była psycholożką).

Na stronie sto pięćdziesiątej piątej kolejny bazgroł – miniaturowa koperta albo zatopiony jednomasztowiec. Trochę mnie to zaskakuje. Nigdy nie widziałem, żeby matka w ten sposób niszczyła książki. Inna rzecz, że ona zapewne nigdy nie odkryła czarnego konturu, którym w 1983 roku obwiodłem portret Tadeusza Kotarbińskiego w *Małej encyklopedii powszechnej PWN*. Użyłem flamastra Pentel. Błyszczący tusz wsiąkał w papier, nie rozumiałem, jaka siła kazała mi tak potraktować autora *Traktatu o dobrej robocie*. Nadal nie rozumiem.

Więcej rysunków nie znalazłem, za to na stronie sto sześćdziesiątej drugiej odkryłem mikroskopijny wypalony otwór. Może to pamiątka po jakiejś przerwie w dostawie energii elektrycznej. Trudno mi sobie wyobrazić, żeby czytała *Emmę* przy świecy. Matka nigdy nie paliła, ale mogła pożyczyć książkę jakiejś palącej koleżance (kryzys małżeński? kłopoty w pracy? coś ze zdrowiem?). Jeśli nawet tak było, to zapach dymu dawno już wywietrzał.

Traktowała tę powieść terapeutycznie. Wracała do niej w chwilach przygnębienia. W chorobie. W czasie depresji i dziejowych katastrof. Kupiła *Emmę* w 1961 roku, wnioskuję z daty wydania, a w ciągu następnych pięćdziesięciu lat przewertowała ją kilkadziesiąt razy.

Emma to był znak ostrzegawczy: Uwaga, spadek nastroju. Czarna flaga wciągnięta na maszt. Stos jabłek, papierowe chusteczki, zniszczona książka.

* * *

Okładka zaginęła dawno temu. Niejasno pamiętam, że przedstawiała kobiety w długich sukniach i czepkach, kolorowe rycinki (tym razem Jerzy Jaworowski nie napracował się szczególnie). Na początku lat sześćdziesiątych XX wieku polskie wydawnictwa nie miały w zwyczaju zamieszczać blurbów. Dziś notatka wystukana ręką kogoś z działu promocji mogłaby brzmieć następująco:

Klasyka powieści. Miłosne perypetie w scenerii angielskiej prowincji. Bystra, urodziwa i bogata Emma Woodhouse wierzy w swój talent do kojarzenia małżeństw. Jednak serca jej najbliższych kryją wiele tajemnic, a i własne uczucia potrafią zaskoczyć. Poznajcie żywiołową pannę Woodhouse i grono jej przyjaciół: surowego pana Knightleya, skromną Harriet, powściągliwą Jane Fairfax i – jedynych w swoim rodzaju państwa Elton.

* * *

Emma jest jak *Kubuś Puchatek*: grupa postaci, zasadniczo poczciwych, chociaż niepozbawionych wad, snuje się po rolniczej okolicy. Bohaterowie składają sobie wizyty i mówią. Gadają. Ględzą. Konwersują. Troski materialne nie odgrywają większej roli. Prosiaczek zawsze znajdzie żołędzie. Puchatek z trwogą opróżnia ostatnią baryłkę miodu, ale w następnym rozdziale spiżarnia jest pełna, więc wszyscy wędrują zagrać w misie-patysie.

W *Emmie*, oprócz ekonomicznej stabilizacji, uspokaja sam rytm zdań. „Ach, ten to ma frazę" – mówimy z satysfakcją. Fraza – to znaczy, że tekst został zbudowany ze zdań tak długich i skomplikowanych, że publiczność, zapomniawszy o sensie, wpatruje się, jak autor, dzielny linoskoczek, żongluje przydawkami i zmierza, ale nie, zaraz spadnie, uff, odzyskał równowagę i triumfalnie dociera do kropki. Aplauz.

W *Emmie* zdania nie próbują niczego udowadniać. Nigdzie się nie spieszą, niosą z sobą imiesłowy gotowe zatrzymać bieg opowieści i rozlać się w krótką dygresję. Dodać ironiczną uwagę natury ogólnej, podczas gdy główny nurt pozostaje klarowny i jasny. Z książek, które znam, ta najbardziej przypomina strumyk (w Stumilowym Lesie, rzecz jasna).

Moja matka nie była osobą, która przez pół wieku szukałaby ukojenia w szmerze strumyka. Pod wszystkimi pozorami kryje się książka wcale nie poczciwa. Z wtrąceń, krótkich opisów, półzdaniowych komentarzy wyłania się obraz Jane Austen. I przy tej pani kolega Nabokov może się wydać pogodnym bratem łatą. Równiachą, który chętnie by z nami wychylił kilka puszek żubra nad Zalewem Zegrzyńskim.

Dlaczego nam przeszkadza, że ktoś używa słowa „ludyczny" zamiast „ludowy"? Co w tym złego, że bombardując znajomych zdjęciami z wakacji, informuje, że Umbria to „zielone serce Włoch", a po krótkim namyśle (patrz: niedyskretna *edit history*), zmienia na „zielone serce Italii"? Czy mamy prawo osądzać ludzi z powodu pieszczotliwych przydomków, którymi zwracają się do bliskich? Co w tym złego, że ludzie używają zwrotu „taka sytuacja"? Że anonsują sportowe sukcesy swoich potomków słowem „duma", a pod zdjęciem „urokliwego zakątka" wpisują swoje „zazdraszczam"? Naprawdę wystarczy zdanie „zasiadamy do wieczerzy w rodzinnym gronie", żeby kogoś skreślić?

Powieść Jane Austen to zapis językowej alergii. Rozjątrzenia wywołanego przez pewne zdania, sformułowania i maniery.

Rozdział dziewiętnasty. Emma odwiedza pannę Bates i jej matkę – w skromnym domku, gdzie obie kobiety odnajmują „niewielkie mieszkanie na parterze". O starszej pani dowiadujemy się, że jest schludna. Młodsza – energiczna i rozmowna, eksploduje monologiem, który ciągnie się przez kolejne cztery strony. Nudny, chaotyczny, gęsty od powtórzeń, naszpikowany zwrotami grzecznościowymi, uniżony i chełpliwy, znaczony wielokropkami, szczypany nawiasami, pełen różnych:
– „często powiada",
– „zawsze mawia",
– „nigdy nie widziałam, żeby ktoś tak się zdziwił".
Główna treść tego słowotoku to pochwały pod adresem siostrzenicy, niejakiej Jane Fairfax, oraz szczegółowy raport na temat jej zajęć i planów. Już po drugiej

stronie mamy dość tej postaci, płoniemy do niej żywą, intensywną niechęcią. Udręczona Emma słucha uważnie („czujna jak zawsze") i nagle „szybkie jak błyskawica, elektryzujące podejrzenie" przenika jej umysł. Dotyczy „Jane Fairfax i czarującego pana Dixona".

Najwyraźniej Emma liczy, że Jane nawiązała romans ze swoim żonatym protektorem. Nadzieja, że skromna młoda kobieta zeszła z drogi cnoty, nie opuści Emmy przez następne dwieście stron. „Ta miła, szczera, idealna Jane Fairfax żywi widać jakieś zdrożne uczucia" – ucieszy się w rozdziale dwudziestym ósmym.

Główną bohaterką mogą powodować ambicje, egoizm, zazdrość, ale dlaczego czytelnik podziela te uczucia? No, czemu?

Tymczasem pani Austen wykonuje zwrot. Początek rozdziału dwudziestego poświęcony jest Jane Fairfax, która nadal nie wkroczyła na scenę wydarzeń. Narrator zaczyna od słów „była sierotą", a potem daje nam smutną i godną współczucia historię tego – trudno się nie zgodzić – „słodkiego, interesującego stworzenia".

To gra. Czytelniku, czy dalej czujesz solidarność z Emmą? Czy podzielasz jej niechęć do „cichej, schludnej starszej pani", pani Bates? Wciąż masz ochotę walnąć czymś w jej poczciwą główkę? A uczciwa, ciężko doświadczona, sierota, oczko w głowie ciotuni, w czym ona ci zawiniła?

To jak? Możesz uratować Emmę przed potępieniem. Możesz okazać solidarność w niechęci lub zdystanso-

wać się jednym wzruszeniem ramion. „O co ci chodzi? –
spytać – przecież to takie dobre istoty”.

Brawo. Dalej. Odepchnij Emmę bosakiem i utop ją
w smole. W ten sposób autorka wykonała klasyczny
macierzyński gambit. Sama nas sprowokowała: przedstawiła wierny zapis słów panny Bates, przedstawiła tak
złośliwie, jak potrafią chyba tylko dziennikarze, gdy
spisują nagrania z podwieczorku polityków.

Nie pominęła żadnego głupstwa i żadnego bana-
łu, podsunęła nam pod oczy każde słowo składają-
ce się na ten bełkot. Teraz patrzy niewinnie i zarzu-
ca nam małostkowość. No, jakbym cię słyszał, ma-
musiu:

– Naprawdę nie rozumiem, o co ci chodzi: to przecież taki miły człowiek!

– Wstydziłbyś się tak mówić.

– To bardzo ludzkie.

– Ty paskudniku.

Matka bywała pamiętliwa. Ostrożnie gospodaro-
wała wyrozumiałością. Jednak potrafiła znaleźć w sobie pokłady zrozumienia i łagodności, kiedy chciała
komuś dokuczyć.

W książce Emma zostaje przywołana do porządku.
W tym celu Austen wysyła świętoszkowatego pana
Knightleya, pompatycznego nudziarza, który co kilka rozdziałów występuje z kolejną porcją pouczeń.
„Wstydź się, Emmo”. I faktycznie: sumienie ją rusza,
gryzie, kąsa i szarpie na strzępy. Nieładnie żartować
ze staruszek. Brzydko szydzić z sierot. Wstyd!

Pod koniec książki Emma zostaje odbryknięta niczym Tygrys z *Puchatka*. Staje się – przynajmniej chwilowo – potulną, skruszoną, pełną wdzięczności Emmą („Jak miło cię widzieć, Puchatku").

Na szczęście jest jeszcze pani Elton, postać – jak mi kiedyś wyjaśniła matka – stworzona, żeby jej nie lubić. Ograniczona, nachalna pani Elton wpycha się na strony powieści tylko po to, żeby drażnić. Odrażająca parweniuszka, której nie chroni żaden emocjonalny szantaż. Alergen. Pyłek leszczyny, czerwone oczy, spuchnięte gardło.

Dzięki pani Elton, uparcie drepczącej na pierwszym planie, olbrzymiej jak spuchnięty palec, jak chory ząb trącany językiem, dzięki temu babsku, w którym rozpoznajemy cechy tylu innych, w zasadzie przecież nieszkodliwych, osób... Dzięki niej ujawnia się prawdziwa, nieugięta, monumentalna jędzowatość Jane Austen.

Pani Elton. Potok jej wymowy niesie wszystkie najbardziej irytujące sformułowania, maniery i przechwałki. Opowieści o powozach jej szwagra. Określenie „pan i władca", którym obdarza swego małżonka. To *„caro sposo"*, banały powtarzane po wielokroć dla lepszego efektu, „Surrey to ogród Anglii". Aaa!

Nawet narrator strzyka w stronę pani Elton niechęcią. Poprzestaje na lakonicznych uwagach – ale nasza jędzowatość natychmiast odczytuje sygnały. – Pani Elton jest „tak elegancka, jak mogły to sprawić perły i koronki". Innym razem pojawia się „pełna zapału, energii i triumfu". W końcu wystarcza uwaga, że pojawiła się w „wielkim czepku". Awersji nie potrzeba więcej paliwa.

Owszem, w żarcikach Emmy pobrzmiewa klasowa wyższość. Pogarda dla parweniuszki, która zbyt gorliwie demonstruje swoją pozycję. Przypomnienie: nigdy nie staniesz się jedną z nas. Twoje wysiłki są zbyt gorączkowe, zbyt ostentacyjne. W twoim tupecie jest desperacja. Szamotanina.

Nie, to na nic. Pani Elton nie da się żałować.

– Prawda, że jest czarująca?
– O tak, to nadzwyczaj miła osoba.

W wydaniu z 1961 roku na końcu rozdziałów zamieszczono rysunki. Ludziki wielkości chrząszczy. Spod sukien wystają szpiczaste pantofelki. Nóżki w kształcie wskazówek pokazują godzinę (za pięć wpół do szóstej).

Emma jest powierzchowna, ale po tej powierzchni biegają wodne owady. Napięcie konwersacji utrzymuje ich ciężar. Zawsze w ruchu, ślizgają się po cienkiej błonie. Przebierają nitkowatymi odnóżami. Są czujne, zwinne i okrutne, jak pływaki żółtobrzeżki. Nawet świętoszkowaty pan Knightley zauważa, że „obłuda i podwójna gra zdawały się czaić na każdym kroku".

Wśród tej paplaniny najlepszym znakiem, że ktoś został trafiony, jest milczenie. Odegrany brak zaaferowania. Teatralna obojętność.

Emma ściga swoją rywalkę spojrzeniem, ale to na nic. Za każdym razem, kiedy podnosi na nią wzrok, panna Fairfax jest pogrążona w rozmowie. Albo zostaje nieco w tyle, „zaaferowana poprawianiem szala".

Coś z tego musiało wynikać. Ze zgrzytania nad panią Elton. Z prychania na safandułę i hipochondryka, pana Woodhouse'a. Z jawnie niesprawiedliwej niechęci do Jane Fairfax. Z tych kilogramów zjedzonych jabłek i setek emmogodzin odbębnionych przez moją matkę.

Po pierwsze: werbalna sprawność pomaga w trudnych sytuacjach. Trzeba być jędzą. Trzeba się zaprzyjaźnić ze słowami.

Po drugie... Wyobrażam sobie matkę, kiedy po raz setny zabiera się do lektury. Ma gwarancję, że znów nikt nie umrze w połogu, nikogo nie wykończy gruźlica. Nawet hipochondryk Woodhouse dotrwa do ostatniej strony. Staruszka Bates będzie znów pałaszować szynkę, równie smaczną jak zawsze.

Będą w tym samym miejscu ze swoimi wadami, egoizmem, wyniosłością. Ze śmiesznymi pretensjami: ojciec niezguła, pozbawiona inicjatywy przyjaciółka, irytujące sąsiadki.

Nie ma rady. Nie otrzymamy innego zestawu. Trzeba z nimi żyć.

Po trzecie... Nie wiem, co było po trzecie. Miało jakiś związek z milczeniem. Po śmierci ojca i potem, kiedy zachorowała, matka ani razu nie sięgnęła po tę książkę. Tym razem *Emma* była za cienka. Za słaba. Za chuda w uszach.

Jane Austen zawiodła. Słowa zawiodły. Ja też zawiodłem, ale akurat tego można się było spodziewać.

Najważniejsza półka

Emma nie była sama. Oto półka z ulubionymi książkami mojej matki.

Od lewej:

– Magda Szabó, *Staroświecka historia*. Brak obwoluty. Podniszczona płócienna okładka z małym tłoczeniem (które – co zrozumiałem po latach – przedstawiało węgierską flagę). Uszkodzony grzbiet. Obwoluta zaginęła.

– E.M. Forster, *Domostwo pani Wilcox*. Płócienny grzbiet, tekturowa okładka z eleganckim deseniem. Projekt graficzny Andrzeja Heidricha. Tytuł na banderoli. Banderola zaginęła. Potem wznawiali tę powieść pod oryginalnym tytułem *Powrót do Howards End*.

– John Galsworthy, *Saga rodu Forsyte'ów*, bez obwoluty.

– Vita Sackville-West, *Wygasłe namiętności*. Czarna obwoluta z białą różą.

– Emil Zola, *Wszystko dla pań*. Zniszczona miękka okładka z rozmazanym obrazem jakiegoś impresjonisty.

– Barbara Trapido, *Brat sławniejszego Jacka*. Krzykliwa okładka z lat dziewięćdziesiątych. Projekt graficzny dość bezwzględnie zapożyczony od Faber and Faber.

– Michael Cunningham, *Godziny*, w twardej oprawie. Na okładce kadry z filmu. Czas się zatrzymał na *Godzinach*.

Pewnie ktoś już to wymyślił i wdrożył. Terapeutyczne pakiety literackie. Siedem tytułów na depresję w naszej jesiennej promocji.

Ulicka

Była jeszcze jedna książka, spoza listy. Przeczytała ją tylko raz. Na powtórki zabrakło czasu. Gruba powieść Ludmiły Ulickiej. Saga o przyjaciołach z jednej podstawówki, rosyjskich inteligentach. Dysydentach, półdysydentach, ćwierćdysydentach i znajomych dysydentów.

Opowieść zaczyna się – jakże inaczej – w marcowej Moskwie. Radio właśnie podało komunikat o śmierci Stalina.

Akcja obejmuje czterdzieści następnych lat. Jak to bywa z powieściami, które mają wielu bohaterów, wątki rozplątują się, pojedyncze nitki znikają z oczu, urywają się w różnych miejscach i w różnym czasie. Życie idzie swoim torem i trybem, nie zauważając braku.

– Jakbym czytała o nas – mówiła matka. – Tyle rzeczy, które zrozumie tylko nasze pokolenie.

– Poważnie? – zdziwiłem się. – Nigdy nawet nie byłaś w Rosji.

– Nie szkodzi.

Może i tak. Żyła w tym samym imperium. Też dowiedziała się z radia, że przestało bić serce współbojownika i genialnego kontynuatora. Albo nieco później, tamtego lata, kiedy byli w górach – i nocami nasłuchiwali samolotów lecących na Czechosłowację.

Poza tym znała te same piosenki. Te same filmy. Wzruszała się lecącymi żurawiami (z czasem jej przeszło). Trochę się nawet przejmowała losem krymskich Tatarów i generała Grigorienki.

Lokalna specyfika nie ma większego znaczenia. Różnic narodowych nie warto wyolbrzymiać. Chciała zobaczyć taką powieść o swoim pokoleniu. O swoich znajomych, kolegach i koleżankach.

Zaczynałaby się taka książka w Gottwaldzie, w szkole TPD* albo jeszcze wcześniej, w przedszkolu. Albo pod okiem zrzędzącej, ponurej opiekunki, bo ich wychowywały nianie i opiekunki. Potem byłoby miejsce na letnie wakacje, obozy harcerskie, piosenki, romanse, na obowiązkową scenę na Dworcu Gdańskim. Plus liczne retrospekcje, tajemnice rodzinne, oskarżenia. Mnóstwo epizodycznych postaci, miejsc.

„Jego ojciec był najlepszym w Warszawie skrobaczem".

„Mówili mu, że się musi dobrze uczyć, bo jego tatuś pracuje w Ministerstwie Oświaty".

„Była lesbijką i to bardzo niepokoiło nasze matki".

I jeszcze:

* TPD – Towarzystwo Przyjaciół Dzieci.

„Kiedyś jej matka otworzyła przed nami szafę pełną sweterków, takich kolorowych sweterków z komisu, i spytała: «Więc dlaczego to zrobiła?»".

Nic z tego. Zmarnują się wszystkie opisy, dygresje, rekwizyty i plotki. Zresztą wątpię, czy coś takiego dałoby się czytać. Wyszłaby z tego tandeciarska powieść z kluczem. Epicki donos albo kolejna encyklopedia samozachwytu, właściwego jej pokoleniu.

Po śmierci matki znajoma pokazała mi album.
– Tu jest wiele zdjęć Joasi – powiedziała.
Z uprzejmą miną przewracałem strony. Nigdzie jej nie znalazłem. Matka nie lubiła się fotografować. Bezbłędna intuicja zawsze wskazywała jej miejsce tuż obok, pół kroku poza kadrem. Tyłem do obiektywu. W ostateczności znajdowała kogoś, kto w kluczowym momencie wyprostuje się, wzruszy ramieniem, zamacha – i na zawsze ją przesłoni.
Przynajmniej sobie przeczytała tę Ulicką.

Książka kucharska ze Stalinem

Rodzice matki przeżyli wojnę w Rosji. Babcia miała stamtąd książkę kucharską w brązowej oprawie. Przy okazji jakiegoś remontu okładkę poznaczyły krople białej farby, przez co jeszcze bardziej wyglądała jak zniszczony mebel.

Dziwna książka, z cytatem wodza na frontyspisie i kolorowymi zdjęciami. Nie można się było oderwać od tych ilustracji. Baśnie braci Grimm dla kolejnych pokoleń.

Dorodne owoce i warzywa. Konserwowy groszek. Wędliny. Kurczaki. Prosiaki. Drżące kwiaty ulepione z majonezu. Puszki z rybą (w tle kuter walczy z falą, cześć marynarzom floty rybackiej).

Marmury wędlin. Kolumnady parówek. Płaskorzeźby winogron. Moskiewskie metro produktów spożywczych.

Najpiękniejsze były butelki alkoholi. Na nieostrych zdjęciach domalowano etykiety. Nazwy spotkałem później w poemacie *Moskwa-Pietuszki*. Serce się ściska, kiedy Wieniczka błaga, żeby mu sprzedali jerez.

– A jerez jest?
– A jerezu nie ma.
– Dziwne. Wymię jest, a jerezu nie ma!
– Barrrdzo dziwne. Właśnie. Jerezu nie ma. A wymię jest.

Biedny Odyseusz wśród produktów radzieckiego przemysłu spirytusowego.

Zwariowana książka z kraju, w którym babcia głodowała. Niewiele o tym mówiła. Tyle, że pojechali dobrowolnie. Że było zimno. Ślina zamarzała, zanim doleciała do ziemi. I jeszcze, że „zapomnicie" to znaczy „zapamiętajcie".
Wspomnienie głodu i rubensowskie martwe natury. Wspomnienie mrozu i lody waniliowe.

To państwo powstało z głodu. Morzyło głodem własne gubernie i miasta. Głód się zmieniał. Nasilał. Łagodniał. Oddalał i wracał. Stawał się niedoborem. Chwilową niedostępnością, przerwą w dostawie.
Głód był blisko. Emerytowany potwór. Dawny prześladowca, wspomnienie minionej epoki. Jak marszałek Siemion Budionny na zjeździe Komsomołu. (Zdjęcie, lata siedemdziesiąte: wąsy komandarma i baczki aktywu. Mundur i stylonowe koszule dookoła).

* * *

Ta książka to errata, z jedną tylko kolumną: „ma być". Wskazówka. Musicie uwierzyć w każdą z tych ilustracji. Jeść obrazki. Ignorować świadectwo innych zmysłów. *Kniga o wkusnoj i zdorowoj piszcze* to podstawowa lekcja komunizmu. Nic nigdy nie udało się z niej ugotować.

Film Andrieja Chrżanowskiego nosił tytuł *Półtora pokoju*. *Kniga o wkusnoj i zdorowoj piszcze* zagrała w nim epizodyczną rolę. Rysunkowy Stalin ożywał i przemawiał ze zdjęć do małego Josifa Brodskiego:

– Jesteś Żydem, chłopczyku, a Żydzi jedzą tylko macę. Nie mam macy. Ale mam dobry pomysł dla Żydów. Lubisz podróżować? Zatroszczę się o was. W Birobidżanie będziecie mieć dużo macy.

Podczas warszawskiego pokazu podszedłem do reżysera.

– Moja babcia też miała tę książkę – wydukałem, przywołując resztki rosyjskiego.

– Wszyscy ją mieli – wzruszył ramionami.

Cukier

Na dnie szuflady leży tekturowe pudełko. Litery są ledwo widoczne, ale można odczytać dedykację: „Dla Joasi, żeby miała słodkie życie", i datę. To amerykański cukier, pomoc z UNRR-y*. W 1946 roku ludzie dawali sobie takie prezenty.

Nigdy nie otworzyła opakowania. Po latach szwy się rozlazły. Kryształki cukru drapią po dnie szuflady. Oblizuję palec. Cukier smakuje zwyczajnie.

* UNRRA – United Nations Relief and Rehabilitation Administration, Administracja Narodów Zjednoczonych do Spraw Pomocy i Odbudowy.

Kanada

Podarty podręcznik do angielskiego.

   „The egg is in the eggcup.

   The boy is in the bed.

   The girl is in the classroom.

   The aeroplane is in the sky.

   Where is the egg?

   Where is the boy?

   Where is the girl?

   Where is the aeroplane?"

I poniżej, ołówkiem, ledwo widoczny dopisek:

   „Czyt: erplein".

W latach osiemdziesiątych XX wieku moja matka mówiła, że chce wyjechać do Kanady. Nie składała papierów w ambasadzie. Nie wypełniała formularzy. Tak tylko mówiła. To była jej uniwersalna puenta. Odpowiedź na wszystko. Ostatnia karta przetargowa.

   – To jest nie do wytrzymania. Trzeba wyjechać do Kanady.

Czasami rozwijała temat.

– Pójdziesz do kanadyjskiej szkoły, nie będzie łatwo, ale dasz sobie radę – zapowiadała. – Ojciec zatrudni się jako kreślarz, tylko na początek, żeby pokazać, co potrafi, potem w niego uwierzą i wszystko się zmieni. Nie mówiła ojcu o tych planach. Nawet nie podejrzewał, że ma się wykazywać przed kanadyjskimi przełożonymi. Jedyna rzecz, jaką matka zrobiła w sprawie wyjazdu, to zapisała się na kurs angielskiego dla dorosłych. Popołudniami chodziła na zajęcia.

– Jak zadzwoni budzynka, to zgaś pod garnkiem. Będziesz pamiętał?

Zagląda do notatek. Jej zeszyt jest pobazgrany i ma zagięte rogi. Uczy się z podręcznika dla młodzieży.

– Mieliśmy pracę domową – mówi. – Dzisiaj będę musiała opowiedzieć, co robi mój tata – zapowiada.

– Twój tata – powtarzam.

Zawsze się tego bałem. Kiedyś padnie pytanie, na które nie ma odpowiedzi. Pytanie o coś, czego nas jeszcze nie uczyli. O liczby ujemne. Albo o Centrolew.

– Ale on nie żyje. I co powiesz?

– Że nie żyje.

– Jak to się mówi po angielsku?

– Coś wymyślę.

Ale chyba nie wymyśliła, bo wkrótce potem przestała chodzić na angielski. Parę lat później zaczęła się odchudzać. Potem zmienił się ustrój. Przez kilka lat była szczęśliwa. Szczęśliwsza.

Prognoza pogody

Znajduję chuderlawy stosik. W latach sześćdziesiątych wydawcy jeszcze się nie wstydzili małych książek. Drukowali cienkie tomiki, nie kombinowali z rozmiarem marginesu, stopniem pisma ani interlinią.

Tamten scenariusz też powstał na podstawie opowiadania Marka Nowakowskiego. Rzecz działa się w zimę stulecia. Pensjonariusze domu starców odkryli, że dyrektor zakupił większą partię trumien. Wpadli w panikę i zorganizowali zbiorową ucieczkę. W pościg ruszyli strażacy. To ostatnie było skutkiem długich negocjacji z cenzurą: władze nie zgodziły się na milicję ani wojsko.

Matce film się spodobał. Kilka dni później streściła go swojej teściowej: „Staruszkowie dochodzą do wniosku, że dyrekcja chce ich ukatrupić".

Najgorsze, że matka była w kinie ze znajomymi z zagranicy. („Rudi nic z tego nie rozumiał, musiałam mu wyjaśnić"). Babcia zawsze podkreślała, żeby nie narzekać przy ludziach stamtąd. Bo są w kraju tym, ale zły to ptak. I jeszcze pomyślą, że czegoś od nich chcemy.

– A po filmie powiedziałam – kontynuowała matka – patrzcie, to jest właśnie państwo opiekuńcze. Chcesz czy nie, zaopiekuje się tobą do samej śmierci.

Nawet nie powiedziała „do usranej śmierci". I tak pasywna agresja zawisła w powietrzu, jak huculski topór.

Krytyka socjalnych zdobyczy socjalizmu i jeszcze Nowakowski – ach, przecież bardzo zdolny pisarz – babcia go wydawała i lubiła – no ale teraz? W „Zapisie". W drugim obiegu. W Paryżu. Taka szkoda.

Babcia uważała, że za politycznym zaangażowaniem zawsze szło obniżenie rangi artystycznej. Obiektywnie i bezstronnie nie podobały jej się książki opozycyjnych pisarzy. Marnowali się. Schodzili na manowce. Na złość babci marnowali talent.

Tymczasem matka zatrzymała się nad ogromnie zabawną sceną, gdy staruszkowie palili ognisko i śpiewali *Czerwony pas*.

– No tak – powiedziała babcia – to wszystko piosenki naszej młodości.

Ile subtelnych ciosów potrafiła wyprowadzić moja matka. Ale w tym wypadku trafiła na większą od siebie fighterkę. Wystarczyło elegijne:

– To wszystko piosenki naszej młodości.

I gong. Nic dodać, nic ująć. Pojedynek rozstrzygnięty. W samochodzie, kiedy wracaliśmy do domu, ojciec wysyczał:

– Trzeba wyjątkowego taktu, żeby opowiadać ten film siedemdziesięcioletniej kobiecie i co drugie słowo mówić „staruszek".

– Twoi rodzice nie są żadnymi staruszkami – odpowiedziała matka.

Potem już nic nie mówili. Padał deszcz. Na kinie Moskwa świecił neon, bo kina jeszcze nie zburzyli.

Wiele lat później mrukliwy Nowakowski, specjalista od krótkich zdań i cienkich książek, stał się ulubieńcem i patronem prawicy. O dziwo, jego wyznawcy uwielbiali piętrzyć przymiotniki. Współczesne książki też robią się coraz grubsze i coraz lżejsze. Głównie dzięki technologii spulchniania papieru.

Wycinki

– Nasze matki nie nauczyły nas gotować – mówiła. – Wychowały nas gosposie.

Poza tym twierdziła, zmieniając już liczbę na pojedynczą, że gosposia potajemnie ochrzciła ją z wody (cokolwiek to znaczy). Tamta dzielna kobieta ocaliła duszę mojej matki. Ale ona też nie nauczyła jej gotować.

– Nasze matki budowały komunizm – dodawała.

Akurat! Matka mojej matki była stosunkowo niegroźnym budowniczym komunizmu. Nie traciła zdrowego rozsądku. To znaczy – nie opuszczał jej pesymizm. Pracowała na marginalnym odcinku, zajmowała się książeczkami dla dzieci, a w okolicy 1968 roku smyknęli ją na emeryturę.

Nie nauczyła mojej matki gotować. Może nie lubiła. Może jej się nie chciało. Może jedzenie nie było ważne. Może nic nie było ważne. Może nie miała siły.

Smyknięta na emeryturę, coś tam sobie pitrasiła, bez większego przekonania i zainteresowania. Czasem nastawiała ogórki małosolne. Smażyła faworki. Niekiedy robiła karpia w galarecie.

Możliwe, że chodziło o coś innego. Możliwe, że chodziło o to, co zawsze. O zatarte wspomnienia rodzinnych domów. Przepisy, których nikt nie zdążył zapisać. Dania, których się wyparto.

Tylko desery jakoś żyły na aryjskich papierach. Serniczki i ciastka z makiem, które potem rozpoznałem na zdjęciach w jakiejś złotej księdze kuchni żydowskiej.

I jeszcze karp w błotnistej galarecie. Koncesjonowany przedstawiciel wymarłej tradycji. Smutny ślepiec przywalony plastrami marchewki. Dlaczego właśnie on? Nie było lepszych?

Matka miała ulubioną ciotkę, o której opowiadała różne historie.

Podczas okupacji ciotka wybrała się święcić pokarmy. Miała fantastycznie podrobiony koszyczek, z cukrowym barankiem i pętem kiełbasy. Koszyczek jak złoto, lepszy od świadectwa chrztu. I nagle na schodach trafiło ją czujne spojrzenie sąsiadki.

– Co to takiego? Pokrojone jajka?

– A moja mamusia zawsze kroiła jajka! – Ciotka zachowała zimną krew i życie.

I moja matka krok za krokiem uzupełniała braki. Nauczyła się wszystkiego. Oprócz smażenia faworków i przyrządzania karpia w galarecie.

Ponieważ nie dysponowała przekazem ustnym, wierzyła w słowo drukowane. Zgromadziła bibliotekę książek kucharskich (z których ceniła tylko kilka). Przechowywała czarne skoroszyty z wycinkami. Segregatory ze stronami starych gazet. Archiwum karteczek i zeszytów. Szastała oliwą z oliwek. Przetapiała masło. Przecierała pomidory. Dodawała czosnku do sałaty. Kupowała sól kamienną z Kłodawy i atakowała ryż żółtym curry – na długo zanim pierwszy wyznawca Hare Kryszna pojawił się w mieście.

Wszędzie wokół – w szkołach, w przedszkolach, w zakładach pracy, w lokalach gastronomicznych i stołówkach – podawano biały, mlaszczący klajster. Ryż mojej matki był intensywnie żółty. Prawie pomarańczowy. Świecił jak latarnia przeciwmgłowa.

Na okładce podskakują zażywne pyzy w strojach ludowych.

To były ich pierwsze święta – pół roku po ślubie. Dosyć patriarchalny prezent. Litery mniejsze niż te, do których przywykłem – zaokrąglone i skromne. Dopiero później pismo ojca zrobiło się impetyczne i niecierpliwe.

DLA JOASI GWIAZDKA 1969

Ojciec nie był szczególnie wylewny, za to potrafił narysować kontur gwiazdki z pięcioma idealnymi ramionami... Pewną ręką obwiódł kształt i na koniec – precyzyjnie – trafił w odpowiednie miejsce.

Wiem, teraz już wiem. Nie mówi się gwiazdka. W następnych latach odkryłem istnienie katolików. To oni mieli copyright do tych świąt. Najwyraźniej obchodziliśmy Boże Narodzenie na pełnym nielegalu.

Na szczęście mieliśmy ich. Parę opiekunów. Zastępczą rodzinę. Nasi przewodnicy byli mądrzy, tolerancyjni, sceptyczni, powściągliwi i lojalni.

Nie wiadomo, jak się naprawdę nazywali. W starym „Przekroju" to byłoby normalne. Krakowski tygodnik roił się od tajemniczych autorów i rozszczepionych osobowości. Ale czasy tych gier słownych minęły.

W „Ty i Ja" panował rzeczowy nastrój. Autorzy występowali pod własnymi nazwiskami. Byli żywi i namacalni. Chodzili po Warszawie. Z tym jednym wyjątkiem.

Trudno było uwierzyć w istnienie Marii Lemnis i Henryka Vitry'ego. Szczególnie że encyklopedia identyfikowała Philippe'a de Vitry jako czternastowiecznego kompozytora i teoretyka muzyki.

Matka twierdziła, że pod małżeńskim pseudonimem ukrywa się dwóch facetów. Wierzyłem jej, co nadawało dodatkowy sens historii miłosnej opisanej we wstępie do ich pierwszej książki z 1959 roku:

Zaczęliśmy więc od jajecznicy i ziemniaków. Poznaliśmy się, gdy już umiałam przyrządzić świetne sałatki, Henryk zaś znakomite befsztyki. Wkrótce zaręczyliśmy się. Wspólnie przygotowaliśmy z okazji naszego ślubu „zimny bufet" (przepis ten przekazujemy Wam w rozdziale *Goście*).

Fioletowe tło. Rama w kształcie jajka przewiązanego wstążką. Kolejne akapity oddzielone małymi rycinami przedstawiającymi kury. Później tę rozkładówkę pokazywano jako jedno z najwybitniejszych osiągnięć designu. Matka bez skrupułów wyrwała ją z miesięcznika „Ty i Ja".

Teraz papier jest brązowy, pokryty deseniem małych kropek i plam. Brzeg ma postrzępiony. W miejscach zagięć nie można odczytać tekstu. I jeszcze dorysowała szlaczek.

Ten strzępek to był jej posag. Posag, który sama sobie wycięła. Ten strzępek to konstytucja naszego domu, deklaracja niepodległości i akt założycielski.

Matka zawsze się bała, że przepisy z „Ty i Ja" mogą ulec zniszczeniu. Użyła wszystkich możliwych technik reprodukcji, żeby je ocalić. Zrobiła kserokopie, kiedy pojawiły się kserokopiarki. Zrobiła barwne kopie, gdy do Warszawy dotarły kolorowe kopiarki Minolta. Zrobiła skany, gdy tylko kupiła sobie skaner.

Żarty poprzedzali staroświeckim wielokropkiem. Wystaw pan sobie, teraz będzie... puenta. Uprzedzony czytelnik musi się uśmiechnąć, wątek turkocze dalej. Najważniejsze słowa wyróżniali rozstrzelonym pismem. Pamiętali o cudzysłowach dla zaznaczenia przenośni.

Przepisy były skromne, pomysłowe i prostolinijne jak lata sześćdziesiąte. Czeski placek z kapustą. Szwedzki placek z jabłkami. Szwajcarska zapiekanka z ementalerem. Do dzisiaj nie wiem, czy geograficzne nazwy określały pochodzenie potraw, czy stanowiły wyraz tęsknoty za Europą.

W 1974 roku „Ty i Ja" przestało się ukazywać. Władze zatrzymały dopływ kolejnych wycinków.

Matka kupiła *Kuchnię polską*. Ponury tom w szarym płótnie. Ilustracje wyglądały jak z podręcznika chirurgii.

Później, na początku lat osiemdziesiątych, ukazało się dzieło *W staropolskiej kuchni i przy polskim stole*. Agencji Interpress udało się zrobić błąd w nazwisku autorki. Dla zatarcia śladów na wierzchu naklejono okrągłą łatkę z właściwą wersją. Ojciec natychmiast ją odkleił – pod spodem napisano „Maria Demnis".

Książka zawierała dużo kursywy garamonda i starych rycin wydrukowanych w kolorze sepii. W spisie treści figurowały następujące pozycje:

– Ozór wołowy w szarym sosie
– Prosię pieczone w całości
– Comber barani w śmietanie
– Comber z dzika z sosem głogowym
– Kuropatwy i przepiórki pieczone
– Zając po polsku w śmietanie.

Przy zającu w śmietanie stało się jasne, że drogi państwa Vitrych i mojej matki ostatecznie się rozeszły.

A przecież jeszcze mieli się spotkać. Epilog znajduję w ostatniej teczce. Prezydentura Jolanty Kwaśniewskiej stała tuż za progiem, gdy tajemnicza para wróciła. Teraz publikowali w magazynie „Twój Styl".

Na wyciętych stronach nie skaczą kurczaczki. Nie turlają się wielkie jabłka ani kolorowe jajka inspirowane malarstwem Fangora. Miejsce grafiki zajmują kolorowe zdjęcia potraw. „Szczupakiem w szampanie olśnisz swoich gości" – zapewnia podpis.

Papier jest biały i błyszczący. Reklamodawcy musieli go uwielbiać. Poligrafia zastąpiła wyobraźnię (ale za to w sklepach pojawiła się gorgonzola).

Gorgonzola

Pomiędzy stronami znajduję ostatnią z kartek, na których matka, zawsze pilna uczennica, notowała nowe nazwy i nowe możliwości:
- lasagne,
- ser mozzarella,
- fenkuły,
- fenkuły z gorgonzolą w piecu,
- gruszki z serem grana,
- pecarino (skreślone) peccorino (ser) utrzeć i do klusek z pieprzem.

Odkurzacz Tęcza

Przez całe lata chciała nabyć bardzo specjalny odkurzacz.

Odkurzacz kosztował majątek. Nie sprzedawali go w sklepach. Odkurzacz miał swoich wyznawców, którzy jak świadkowie Jehowy krążyli po domach.

Jakieś panie w średnim wieku – byłe urzędniczki lub nauczycielki – porzucały wcześniejsze zajęcia. Szły za głosem wiary. Głosiły odkurzacz. Najsłynniejsza pieśń tamtych lat – ulubiona piosenka Ojca Świętego – była pochwałą mobilności zawodowej.

Twoje usta dziś wyrzekły me imię.
Swoją barkę pozostawiam na brzegu,
Razem z Tobą nowy zacznę dziś łów.

Byłe pracownice państwowych instytucji przeszukiwały notesy telefoniczne – wybierały potencjalnych klientów – typowały jakąś znajomą znajomych – i zarzucały sieć.

Nadchodził dzień prezentacji. Upatrzona gospodyni parzyła herbatę i częstowała ciasteczkami. Panie oglądały wykresy. Słuchały czytań z firmowego skoroszytu. Potem przychodził czas na ćwiczenia praktyczne. Tu nalewamy. Nie, nie musi być destylowana, wystarczy przegotować. Proszę zobaczyć, zupełnie czysta. Tu włączamy. Może jakieś pytania? Komu ciasteczko? Wreszcie – komisyjne wylewanie zużytej wody, brudnej jak stopiony śnieg. A przecież dom był tak starannie sprzątnięty na przyjście gości! (Przerazić to znaczy przekonać – przypominał poeta).

Matka naprawdę chciała się pozbyć kurzu, który lągł się w książkach i plenił pod meblami.

Może przeszkadzały jej błyszczące drobiny, które wirowały w powietrzu i ściągały alergie i choroby oraz złe wspomnienia. Żadne tam gwiazdy i planety krążące w kosmosie. To chaos czekał, żeby nas pochłonąć. Chaos. Bezradność. Bunt rzeczy. Bunt komórek.

Marząc o rzeczach, cofamy się do dzieciństwa. Niedostępne przedmioty pozwalają skoncentrować smutek w jednym kształcie. Opisać to, czego nam brakuje.

Na pewno bylibyśmy szczęśliwi, gdyby tylko matka kupiła czarny, beczułkowaty elektroluks, który potrafił wyssać pył z powietrza. Ale był za drogi.

Porządkując mieszkanie, znajduję stary folder reklamowy, pełen wykresów i mikrofotografii (popatrz, co żyje na twoim dywanie). Roztocze szczerzy się triumfalnie.

Kolejka elektryczna

W każdym empiku jest półka z książkami reklamowanymi jako polski *Mikołajek*. Wesoły niecnota zamienia się w plastikową kukiełkę. Rośnie, nadyma się, jego wygładzona postać wypełnia strony (za to sceneria została zredukowana do minimum, kilku maźnięć koloru w tle).

Na oryginalnych rysunkach Sempégo było odwrotnie. Gdzieś na dole grasowały małe figurki – to chłopcy okładali się tornistrami – a nad nimi wznosiły się mury, spiętrzone kamienice, platany, całe miasto narysowane aż po ostatni listek, rynnę, żeliwną balustradę i najwyższą mansardę. Paryż zajęty swoimi sprawami. Pogodna wersja *Upadku Ikara*.

Mikołajek był dzieckiem lat powojennych. Jego rodzice kupowali pierwszy telewizor, pierwszy samochód, a potem – korzystając z dobrodziejstwa płatnego urlopu – ruszali na wakacje, żeby natychmiast utknąć w korku. Korki też były nowe.

Autor tej książki był z naszych stron. Żyd z nadwagą. Na szpanerskiej śnieżnobiałej maszynie wystukiwał opowiadania i scenariusze komiksów. Mam nadzieję, że dobrze się przy tym bawił.

Bawcie się. Bądźcie weseli. Rozchmurzcie się wreszcie – tego wymagał powojenny świat od Mikołajków. Pana Goscinnego zabił niezdrowy tryb życia. Zmarł podczas próby wysiłkowej, dostał zawału czy wylewu w gabinecie lekarskim na ćwiczebnym rowerku. Gruby facet pedałuje z kolanami pod brodą. Scena jak z rysunku, jak z rozdziału, w którym ojciec Mikołajka ściga się na dziecięcym rowerze – i oczywiście wpada na śmietnik (chustka, krew, rozbity nos, rozbite okulary, połamane koło, szprychy sterczą na wszystkie strony). Ojcowie są nietrwali.

Biedny Goscinny osierocił córkę. Po latach napisała książkę o swoich rodzicach, cienką, nie najlepszą i bardzo smutną. I może właśnie to była kontynuacja *Mikołajka*.

Jedyna książka, która miałaby prawo stać na półce polskich *Mikołajków*, gdyby ktoś ją wznowił, nosi tytuł *Drobne ustroje*. Napisana przez Marię Zientarową – to zresztą ten sam pseudonim, którym autorka sygnowała scenariusz *Wojny domowej* – była *Mikołajkiem avant la lettre*. Pierwsze wydanie ukazało się w 1955 roku, cztery lata wcześniej niż francuski odpowiednik. Jest to zbiór felietonów o szczęśliwym dzieciństwie w czasach stalinowskich.

Moja matka nie miała do tej książki szczególnego sentymentu. Nie przepadała za jej tonem, w ogóle nie była sentymentalna, zwłaszcza gdy chodziło o własne dzieciństwo. Nie miała powodów. Traktowała dobre wspomnienia jak kronikę filmową w filmie dokumentalnym. Szybki montaż scen poprzedza katastrofę. Popatrzcie, życie toczy się normalnie. Kina grają złe filmy. Sportowcy w śmiesznych strojach biją rekordy. A tutaj: kadr z wystawy pudli. Figurki na ekranie jeszcze nic nie wiedzą, ale muzyka w tle staje się niepokojąca, wchodzą werble, potem ściemnienie. W dobrych wspomnieniach mojej matki tykał zegar.

Drobne ustroje nie budziły u niej nostalgicznych odruchów. Jeśli nie wyrzuciła swojego egzemplarza – zresztą wydanego już w latach osiemdziesiątych, z paskudną brunatnobłyszczącą okładką – to tylko dlatego, że z zasady nie wyrzucała książek.

Ale ja też ułaskawiam ten tom. Biorę na bok. Kładę na stosie „do zabrania" ze względu na jeden rozdział, jedną scenę. Oto rodzice jadą z chłopcami do Centralnego Domu Dziecka – czyli dawnego i przyszłego Domu Towarowego Braci Jabłkowskich.

W środku panował przytulny półmrok, z którego się wyłaniała, gdy już się wzrok przyzwyczaił, wspaniała, olbrzymia kolejka elektryczna.

A potem jest tak:

– Ale ona czasami chodzi – powiedziała dziewczynka z czarną grzywką. – Dzisiaj chyba nie, bo ja już tu dawno stoję. Ale mój starszy brat powiedział, że dwa lata temu, na 22 Lipca to sam widział, jak chodziła.

– Teraz jest styczeń – stwierdziła matka Janka. – Chodźmy, zobaczymy, co tu jeszcze jest.

– Ja poczekam, aż ona zacznie chodzić – powiedział Andrzej bardzo stanowczym tonem. – Mnie nie obchodzi, co tu jeszcze jest, bo ja i tak nie mam dziś urodzin i nic nie dostanę. Ja poczekam, aż puszczą kolejkę.

Przez chwilę mam wrażenie, że też tam jestem, na parterze, wśród wilgotnych palt i jesionek, że patrzę na papierową górę, drzewa wykonane z gąbki, tunel otoczony ceglastą lamówką, maleńkie semafory.

W tłumie są moi rodzice, kilkuletni, przejęci. Jeszcze się nie znają. Długo musieli prosić. Dorośli tygodniami im obiecywali, że ich tutaj przyprowadzą, brakowało czasu, bo praca do późna, bo zebranie, delegacja, aż wreszcie, aż w końcu.

Za chwilę pojawi się elektryczna lokomotywa. Już zaraz będzie. Na pewno. Patrzą, przepychają się, wyglądają zza rękawów. Elektryczny pociąg nie przyjeżdża, ale nie martwcie się, już zaraz.

Za dużo

Dwa opowiadania składają się w tom *Jawa i mrzonka*, cienki jak opłatek, chociaż oprawiony w płótno. Rok wydania 1966. Czytam tę *Mrzonkę*, zamiast pakować. Jest coś niefajnego w pomyśle, żeby wrócić na dawne terytoria łowieckie, sięgnąć po szmoncesowe chwyty, użyć grepsów z przedwojennego kabaretu do opowiedzenia historii o starym Żydzie w gomułkowskiej Warszawie. Słonimski napisał to opowiadanie w latach sześćdziesiątych.

Pod koniec PRL-u powstała telewizyjna ekranizacja. W roli głównej wystąpił aktor, który zawsze grał Żydów w powojennych filmach. Wszyscy rabini, kupcy, przemysłowcy, lekarze, adwokaci, recepcjoniści i żydowscy krawcy, którzy pojawiali się w polskim kinie – zawsze mieli ten sam głos i tę samą twarz. W dzieciństwie myślałem, że to jedyna dozwolona żydowska twarz. Wszyscy użytkownicy muszą się nią dzielić, ustalając wcześniej terminy.

Była to twarz autora *Kwiatów polskich*. Aktor odziedziczył ją po stryju. Kiedy mignął gdzieś na ulicy albo na ekranie – niosąc swój drogocenny i kruchy nos – rodzice mówili: „Kuzyn Tuwima" i „Podobni, jak dwie krople wody". Wtedy sądziłem, że to obiegowe określenie, rodzaj eufemizmu. Wszyscy Żydzi są kuzynami Tuwima.

W ekranizacji pojawił się także Mesjasz. Nie udało się znaleźć Żyda w odpowiednim wieku, więc w tej roli wystąpił jakiś Ormianin.

W opowiadaniu o Mesjaszu kluczowa jest scena z krawcem Rajzemanem („który się teraz nazywa Dubieński i mieszka na ulicy Zgoda, która się teraz nazywa Hibnera").

Rajzeman prasuje spodnie doktora Walickiego („On się nazywa Wajnsztajn, ale on był zawsze taki polonius i z waszecia") – i wypala w tych spodniach, uszytych z powierzonego zagranicznego materiału, w spodniach swojego ostatniego klienta, wielką dziurę. I wtedy zdarza się cud. Mesjasz odwraca bieg zdarzeń. Film biegnie do tyłu, dziura zamienia się w nadpalony ślad, w ciemniejszą plamę, muśnięcie, wreszcie znika.

„I jak wróciłem, spodnie były całe i wszystko nietknięte i jak stałem we drzwiach, to usłyszałem głos – ZE HAJA JOTEJR MIDAJ – co znaczy: Tego już było za dużo" – opowiada krawiec.

W gruncie rzeczy wszyscy chcieli w to wierzyć. Że co za dużo. Że nic dwa razy. Że w leju po bombie najbezpieczniej. Że kwota nieszczęść i katastrof została wyczerpana, może nie na zawsze, ale na długo. Jeszcze nie musimy się martwić.

Z czasem utwierdzaliśmy się w przekonaniu, że biegniemy w przyszłość, jak się biegnie do nauczycielki ze skargą. A ona nas wysłucha, zgani krzywdzicieli, zmusi, żeby powiedzieli przepraszam. I obiecali, że już nigdy.

Tylko w szkole uczyli rachunku prawdopodobieństwa. Mówili, że wynik rzutu monetą nie zależy od tego, co wypadło poprzednio. Za każdym razem jest tak samo. Pół na pół. Wóz albo przewóz. Dopiero w zeszycie do matematyki zobaczyłem życie jako łańcuch zdarzeń niezależnych, kolejkę powtórzeń, z których każde powiada: nic wam się nie należy. Przestraszyłem się.

Poszliśmy z rodzicami na jakiś film historyczny, coś o błędach i wypaczeniach.

– Czy dzisiaj też mogą zrobić takie rzeczy? – spytałem po seansie.

– Nie – uspokoił mnie ojciec, a po chwili dodał: – Wymyślą coś nowego.

I zachichotał, ponieważ to nie on zajmował się w naszej rodzinie straszeniem.

Część 2
Słownik

Pani mistrz

Trzeba wynająć kogoś, żeby prowadził ceremonię w domu pogrzebowym, mówił dobrze ustawionym głosem „żegnamy dziś" i „a teraz przejdziemy do grobu" i żeby wszystko było, jak trzeba.

– Pokażę go państwu w internecie – klika pani menadżer.

Wpatrujemy się w wyniki wyszukiwania Google'a. Na wszystkich zdjęciach są pogrzeby, białe lilie i tłumy ludzi. Próbuję zobaczyć, czy któraś twarz się powtarza.

– To ten w komży. Bardzo godnie prowadzi.

– Niech będzie.

– Tylko jest z nim ostatnio problem, uprzedzam, bo nie każdy musi być zadowolony, prawda?

– Problem?

– On już tak nie wygląda. Ładny chłopak, naprawdę nie wiem, dlaczego to zrobił.

– Tatuaż?

– Włosy.

– Długie?

– Do ramion, ale czyste. Stosuje jakieś odżywki, muszę spytać jakie.

– Wolelibyśmy nie.

– W takim razie mogę zaproponować panią.

– Panią mistrzynię?

– Żonę mistrza. On pisze, a prowadzą na zmianę.

Zgadzamy się. Pani menadżer pochyla się i zadaje ostatnie pytanie:

– A jak z muzyką? Ceremonia jest świecka, ale czy odcinacie się państwo od *Ave Maria*?

Kilka dni później mistrz przysyła propozycję mowy pogrzebowej:

> Gromadzimy się dzisiaj w tych murach, aby serdecznie pożegnać Panią Joannę, a swoją obecnością wesprzeć w tym trudnym dniu Jej ukochanych bliskich. Pani Joanna zaistniała w życiu wielu osób: dla jednych przyjaciółka, lubiana sąsiadka, koleżanka, znakomity fachowiec w swojej dziedzinie... Dla bliskich – najukochańsza żona i mama, babcia, siostra i ciocia... niezastąpiony członek rodziny.

Przez całą szkołę matka sprawdzała moje wypracowania. Skreślała zbyt łatwe przymiotniki. Polowała na wytarte związki frazeologiczne.

W „scenariuszu ceremonii żałobnej" wyrazy wędrują parami, jak uczniowie w szkole tańca: lubiana sąsiadka, znakomity fachowiec, niezastąpiony członek.

Przez chwilę korci mnie, żeby się zgodzić. Ciągle jeszcze jestem na nią wściekły. No ale są jakieś granice. Mam pozwolić, żeby obcy człowiek mówił o matce „niezastąpiony członek"? Albo nawet „lubiana sąsiadka"? Powinien jeszcze dodać, że zawsze witała się na schodach. Takie rzeczy opowiadają w telewizji o wielokrotnych zabójcach.

Piszę swoją wersję. Właściwie nie piszę. Zbieram wspomnienia od przyjaciół (zawsze mówiła, że najważniejsi są przyjaciele), od rodziny. Od dorosłych i od dzieci. Rozklejam się tylko raz. Przy mailu:

Szanowała każdego pacjenta, niezależnie od wieku. Dotyczyło to również dzieci w wieku przedszkolnym, którym poświęcała dużo uwagi i starała się z nimi rozmawiać „z ich poziomu". Zawsze miała oczy na poziomie oczu dziecka. Kiedy nasiliły się bóle kręgosłupa i nie mogła się schylać ani siedzieć na przedszkolnym krzesełku – najpierw zrezygnowała z pracy z dziećmi przedszkolnymi, ponieważ nie mogła już stosować tej zasady.

Mija kilka tygodni. Z grobu uprzątnięto kwiaty i znicze, gdy dzwoni pani mistrz.

– Chciałam podziękować pana mamie – zaczyna, nawet przez telefon ma naprawdę dobry głos – na pańskie ręce podziękować pani doktor.

– Nie była doktorem – odpowiadam.

– Co prawda nie miałam szczęścia osobiście jej poznać – w tym fachu to raczej normalne, myślę – ale pani doktor wpłynęła na moje życie. Mieliśmy pogrzeb w zeszłym tygodniu i był tam dwuletni chłopiec. Nie bardzo wiedział, co się dzieje. I wtedy przypomniałam sobie słowa pani doktor.

– Nie była...

– Że trzeba mieć oczy na poziomie wzroku dziecka. Ukucnęłam. Wzięłam dwulatka za rękę i ukucnęłam. Wszyscy się zdziwili, że mistrz ceremonii nagle zniknął. A ja mu pozwoliłam rzucić ziemię na wieko. Razem żeśmy rzucali. W ogóle nie chciał przestać. Więc jestem w pewnym sensie uczennicą pani doktor.

– Nie była doktorem.

Notatki odręczne

Matka pisała długopisem. Ojciec wiecznym piórem. Absurdalne nazwy – myślę, porządkując papiery. Nic nie trwa wiecznie. Ani nawet długo.

Matka zapisywała dziesiątki kartek, zeszytów, kalendarzy i notesów. Pisała opinie, usprawiedliwienia. Otaczały ją numery telefonów, listy zakupów, przepisy kulinarne, poprawki do przepisów kulinarnych, praktyczne uwagi i przestrogi sformułowane po wypróbowaniu przepisów. I jeszcze średnice uszczelek, punkt gręplowania wełny, nazwy lekarstw, godziny przyjęć lekarzy.

Ojciec pisał niewiele. Omówienia projektów. Memoriały o budownictwie mieszkaniowym, które potem trzeba było przepisać na maszynie. Czasem listę spraw na poniedziałek ("Pon"). Każdy punkt listy poprzedzał kropką lub kwadracikiem.

Matka używała długopisów BiC, tych żółtych. Później także modelu Cristal. Ciągle je gubiła. Zostawiała w pracy. Jej długopisy traciły skuwki. Pękały. Znikały bez śladu. Potem pojawiały się następne.

Ojciec używał wiecznych piór. Niektóre odziedziczył po swoim ojcu. Nosił je w skórzanym piórniku. Zdobywał atrament w sklepie na Chmielnej. Czasami wycinały mu numer. Na wysokości piersi rozlewała się zielona plama. Kosmita postrzelony w serce (tak, używał zielonego atramentu). Matka próbowała to jakoś sprać. Ojciec ocierał stalówki chusteczką. Czasami zostawiał na noc w filiżance z wodą, żeby odmokły. Kiedy wreszcie zabierał się do pisania, jego słowa miały ciężar. Dotyczyły spraw istotnych.

Matka rysowała kwiatki. Nerwowe ornamenty wokół numeru telefonu do przychodni. Jedno zajęte połączenie – jeden kwiatek. Najpewniej gerbera.

Pisanie piórem przypomina fechtunek albo taniec. Grubość linii zmienia się w zależności od nachylenia stalówki i kąta natarcia. Atak. Powrót (stalówka ciągnie za sobą łukowaty ślad). Skok. Elegancki odwrót.

Atrament zasycha. Rozmazuje się. Kapie. Wieczne pióro żyje. Ojciec sobie z nim radził. Baraszkował. Zmuszał do posłuszeństwa – jak treser w cyrku.

Czasami się popisywał. Rysował dzwonki z kolejnych idealnie wyprowadzonych łuków. Samochody małolitrażowe, obrośnięte lusterkami bocznymi i antenami. Czasem czołgi, zawsze z uniesionym włazem i reflektorem – pojedynczym szperaczem wycelowanym w niebo.

Kiedyś spędzali z matką wakacje w jakimś domu wczasowym. Każdego ranka pod ich pokojem zbierali się chłopcy:

– Proszę pana, pan nam narysuje czołg.

Matki nikt nie prosił, żeby rysowała gerbery i pokraczne dzieci z okrągłymi głowami i mnóstwem loków.

Długopisy są posłuszne. Piszą swoje bez względu na nacisk, położenie i pogodę. Cokolwiek by się działo, zostawiają tłustą, połyskującą nitkę. Ślad ślimaka. Piszą do usranej śmierci, jak powiedziałaby moja matka.

A potem przychodzi zapaść. Jeszcze próba pierwszej pomocy. Może się uda rozpisać. Kilka pętelek. Na chwilę wraca nitkowaty puls. Nie. Nic z tego. Stwierdzenie zgonu. Kosz.

Przeczytałem w internecie, że długopis został wymyślony przez dziennikarza z Budapesztu.

Facet potrzebował narzędzia do nanoszenia korekt na próbne odbitki. Nie chciał się szwendać po drukarni z wiecznym piórem albo ołówkiem. Nie miał czasu na walkę z żywiołem, więc wymyślił długopis.

Wynalazca wkrótce przestał być budapeszteńskim dziennikarzem. Zamienił się w żydowskiego uchodźcę. A potem w argentyńskiego przedsiębiorcę.

Pierwszych długopisów używano do poprawiania felietonów o pracy służb miejskich. Dopiero potem Królewskie Siły Powietrzne kupiły większą partię dla swoich załóg (na dużych wysokościach wieczne pióra okazywały się równie niepraktyczne co w drukarni).

Później prezydenci i wodzowie mogli odprawić swój cyrk z wiecznymi piórami. Położyć parafę pod porozumieniem pokojowym lub sojuszem.

Wcześniej całą robotę wykonał jakiś bombardier i zanotował długopisem współrzędne celu oraz liczbę bomb spuszczonych na Budapeszt czy Drezno.

Moja matka nie miała czasu. Miała sprawy. Zbyt dużo pośpiechu. Zbyt wiele rzeczy poza kontrolą. Tylu rzeczy trzeba pilnować. Recept. Telefonów. Przepisów. Zbyt wiele rzeczy musiała okiełznać, żeby jeszcze zabawiać się z nieposłusznym atramentem.

Maszyna do pisania

Na co dzień się dzwoniło. Do administracji. Do SPEC-u. Do wodociągów. Do dyrektora. Kierownika. Czasem nawet do dyżurnego technicznego miasta, mitycznej postaci, czarnego pająka o stu oczach wpatrzonych w konsolety i ekrany. Jednak najczęściej – po prostu do inżyniera Kopściałki. Zazwyczaj w sprawie wody. Że jej nie ma. Że się leje. Że jest zimna. Że jest rdzawa. Że zaciek, że plama, że grzyb. Znów nie grzeją. Dzwoniło się, żeby dozorca zakręcił pion. Żeby odkręcił pion. Żeby ktoś znalazł dozorcę, pijanego w sztok strażnika kluczy od pionu.

Pod ziemią biegły rury. Czasami wyłaziły na wierzch, jak żyły. Wnikały do budynków. Oplatały nas siecią naczyń kapilarnych. W łazience okryto je kawałkiem żółtobiałej dykty, żeby wciąż nie kuć i nie murować od nowa. Wystarczyło odsunąć ekran, a ujawniały się wnętrzności naszego świata. Niechlujnie ułożone cegły, rdza, zapach stęchlizny, czarny przestwór i głosy sąsiadów.

Dookoła trwał pluskający koniec świata. Apokalipsa kamienia kotłowego i zardzewiałych rur. Film *Obcy* był opisem awarii wodociągowej, która rozrywa ściany i niszczy nasz pozorny spokój.

W dziecięcej książce *Cyryl, gdzie jesteś?* Wiktor Woroszylski przypisał problemy z wodą działaniu entropii. Powstała też komedia na zbliżony temat. Produkowano piosenki i skecze. Ulubionym bohaterem epizodycznym socjalistycznego kina pozostawał namydlony mężczyzna – gdy przepasany ręcznikiem i oślepiony szamponem, wędruje w poszukiwaniu hydraulika (lub pijanego dozorcy z kluczami od pionu).

Metafora sama się nasuwała. Ale nie z moją matką takie numery. Moja matka wierzyła w odpowiedzialność indywidualną. System ciekł, sączył się i butwiał, ale zza komunalnej katastrofy wyłaniała się konkretna twarz. Pysk inżyniera Kopściałki mianowicie.

Zaś inżynier Kopściałko był nieuchwytny. Grasował w terenie. Spędzał czas na zebraniach. Udawał się po instrukcje do nadrzędnej placówki. Najczęściej po prostu nie podnosił słuchawki lub zdradziecko zdejmował ją z widełek.

Czasami po trzeciej nieudanej próbie matka powierzała mi wybieranie numeru. Raz za razem obracałem tarczą. Nic z tego. Zajęte. Jeszcze raz. Zajęte.

Matka była przeciwniczką łatwych usprawiedliwień. Pryncypialnie odrzucała wszystkie:

– Starałem się.

– Robiłem, co w mojej mocy.

– Chciałem, ale nie wyszło.

– Masz się dodzwonić – mówiła. – Nic mnie nie obchodzi, ile razy próbowałeś. Masz się dodzwonić. Nie prosiłam, żebyś próbował, tylko żebyś się dodzwonił.

Tymczasem Kopściałko, jestem tego pewien, pociągał kawę ze szklanki, popluwał fusami i uśmiechał się cynicznie.

Minęło tyle lat, a wciąż go widzę. Za każdym razem, gdy próbuję się dodzwonić do infolinii banku lub przychodni rejonowej. Inżynier wcale się nie zmienił, ma ten sam garnitur i ten sam uśmiech, gdy moja rozmowa jest dwunasta w kolejce. Aktualnie wszyscy konsultanci są zajęci, jeśli nie wyrażasz zgody, odłóż słuchawkę lub naciśnij krzyżyk.

W końcu sytuacja dojrzała do formy pisemnej i matka napisała list.

Kap, kap. Miarka się przebrała. Kap, kap. Pismo w sprawie braku wody. Elaborat w kwestii przedłużającej się przerwy konserwacyjnej. Memorandum w przedmiocie rury.

Odręczne pismo mojej matki składało się z zachodzących na siebie okrągłych pętelek – wyrazy przypominały wydłużone chmurki. Jak ślad zostawiony przez Strusia Pędziwiatra w drodze do Albuquerque.

Dlatego tym razem ojciec wyciągnął brudnożółtą maszynę do pisania Łucznik. Matka wystukała swój list litera po literze. Pisała złośliwie rozwlekłym stylem. Pełnym szczegółów i sarkastycznym. Błędnie napisane wyrazy krzyżowała za pomocą furiackich ik-sów: xxxxxx.

Miesiąc po terminie inż. xxxxx Kopściałko był łaskaw... był uprzejmy zapewnić nas, że xxxxx. W rozmowie telefonicznej. W związku z tym, iż inż... gdyż w ustalonym terminie... W ustalonym dniu trzy godz. czekałam... Jednakże... Jednako-woż xxxx. Jakież było nasze zdumienie... xxxx xxxxx.

– Po co to piszesz – zdziwiłem się – przecież Kop-ściałko wie, że u nas nie ma wody.

– Nie szkodzi – odparła matka.

– Pamięta, co powiedział przez telefon, bo na nie-go nawrzeszczałaś.

– Nie szkodzi.

– To po co?

– Żeby się przestraszył.

– Dlaczego miałby się przestraszyć?

– Bo jak przeczyta taki list, to pomyśli, że mogła-bym go wysłać do gazety.

Zamarłem.

– Wysłałabyś list do gazety?

Czytaliśmy wtedy „Express Wieczorny".

– Pisze to samo, ale przynajmniej jest zabawniejszy – powiadała matka.

Zamieszczali tam humory rysunkowe. Gwidon Mi-klaszewski rysował warszawską Syrenkę – wesołe kobiecziątko z zadartym noskiem (w tle pojawiał się mąż Syrenki, zawsze z wyrazem pobłażliwego zdumienia na twarzy). Szowinistyczny rysunek miał szerokość jednej szpalty, ale była to szpalta wyrwana sprawozdaniom z plenum. Relacjom z zasiewów. Kampaniom przeciw brakoróbstwu. Doniesieniom o sukcesach organów ścigania w ściganiu nielegalnych drukarni.

Obok w czerwonych ramkach ukazywały się ciekawostki ze świata, intrygujące doniesienia o japońskich robotach, które coraz lepiej sobie radzą z piłką ręczną, a także o starcach na Kaukazie, którzy bili kolejne rekordy długowieczności, dając przykład młodszym kolegom z Kremla.

Profesor Fiodorow leczył oczy. Rolnik z Chin właśnie przepisał całą czerwoną książeczkę na – trzeba przyznać, wyjątkowo dorodnym – ziarenku ryżu. Zdjęcie było szarą plamą, więc równie dobrze mogło przedstawiać jesienne prace polowe lub pliki dolarów znalezione w kryjówce schwytanego ekstremisty.

Najważniejsze, że w „Expressie" zamieszczali powieść w odcinkach. Kryminał zagranicznego autora lub – można było podejrzewać mistyfikację – dzieło rodaka ukrytego za cudzoziemskim pseudonimem.

Akcja była ogromnie skomplikowana, dotyczyła płatnego mordercy. Bohater kierował się specyficznym kodeksem zawodowym: nigdy nie pozbawiał życia swoich dawnych zleceniodawców. Wielu bogaczy zlecało przypadkowe zabójstwa tylko po to, żeby zabezpieczyć swoją przyszłość (wciąż najlepszy model marketingowy, o jakim słyszałem).

W latach osiemdziesiątych fantazjowaliśmy z matką, żeby wynająć tego oprycha – ciekawe za co? – i wysłać do inżyniera Kopściałki. Osobiście byłem zdania, że po drodze mógłby jeszcze odwiedzić pokój nauczycielski.

To było na długo przed rewolucją wideo, więc mroczne fantazje zasilały głównie książki: „krępy człowiek wyważył drzwi kopnięciem nogi i położył go serią z automatu" albo „jego ciało runęło pod ścianę poniżej rzędu dziur po skrwawionych kulach".

O tak! Inżynier Kopściałko, przewracając się, niezawodnie pociągnie za sobą palmę i proporczyk, a puchar za udział w zawodach energetyków roztrzaska się na tysiąc kawałków... Ale zabić inżyniera komunistyczną gazetą?

– Naprawdę to wyślesz? – zapytałem przerażony. Mimo wszystko byłaby to niewybaczalna forma kolaboracji i donosicielstwa. – Nie zrobisz tego!

– Oczywiście, że nie – powiedziała matka – ale Kopściałko pomyśli, że mogłabym wysłać.

– To może przepisz jeszcze raz, bez tych iksów?

– Żeby widział, że się staram?

I wtedy zrozumiałem. To nasza siła. Potrafimy opisać cieknący kran. Niesłowność hydraulików. Ułożymy wypracowanie, w tym jesteśmy dobrzy.

Wyślemy je do gazety, a tam zaraz je wydrukują w rubryce „Listy do redakcji". Kto by nie wydrukował takiego pięknego listu?

Ach, inżynierze Kopściałko. Jak ty się będziesz wstydził! Całe miasto to przeczyta. Twoja żona będzie przełykać łzy. Twoje dzieci spalą się ze wstydu.

Szef chwyci za telefon i niezawodnie wyrzuci cię z roboty. Przepędzi cię na cztery wiatry, inżynierze. Wtedy przypomnisz sobie, że miałeś wysłać ekipę na Madalińskiego. Tyle razy byłeś proszony, monitowany, i co?

Teraz przybiegniesz. Będziesz się tarzał po wycieraczce. Ale za późno. Dostaniesz za swoje. Bo potrafimy to opisać.

Trudna sztuka
robienia awantur na poczcie

– Chciałbym odwołać abonament radiowo-telewizyjny mojej matki, gdyż zmarła.

– O kurczę.

– No tak.

– Nie o to chodzi, tylko jak abonament, to lepiej w okienku C. Pan weźmie numerek i koleżanka panu powie. – W tym momencie w jej oczach pojawia się błysk. Pomysł na psotę. – Lepiej niech pan idzie do informacji.

Jestem pułapką. Zgniłym jajem. Można mnie podrzucić koleżance z okienka C (kusząca myśl). Ale można – myśl jeszcze bardziej urocza – wepchnąć tej cwaniarze, która od rana siedzi na informacji i sprzedaje aktualną ofertę: koperty, kosmetyki ekologiczne oraz zbiór opowiadań Alice Munro*.

– Chciałbym odwołać abonament radiowo-telewizyjny mojej matki – zaczynam.

---

* Kilka miesięcy później miejsce powieści Alice Munro zajęły książki o żołnierzach wyklętych.

Stuk, stuk, skrob – tipsy drapią o klawiaturę.

– Taka pani nie płaciła abonamentu.

– Jak to nie płaciła?

– Od 1996 roku nie płaciła.

– Mam historię rachunku – oświadczam.

– Niech pan pokaże.

Ale moja przewaga natychmiast topnieje.

– Dlaczego tylko siedemnaście złotych płaciła?

– Nie wiem.

– To kto ma wiedzieć? – syczy. – Abonament tyle nie kosztuje.

Książka Alice Munro ma lakierowaną okładkę. Jest na niej czarno-białe zdjęcie kobiety bez głowy. Słoneczne bliki tańczą po lakierze, a obok stoi rozkładana kartka komunijna i papierowy kurczak. Byłoby zabawnie wrócić do domu i powiedzieć: „Popatrz, kupiłem na poczcie tom kanadyjskiej noblistki".

– Co to za numer konta jest w ogóle? I czemu w Bydgoszczy?

– Nie wiem, ale moja matka płaciła pani firmie co miesiąc siedemnaście złotych – mówię hardo.

– Może spłacała kredyt w banku pocztowym?

– Nie spłacała.

– A skąd pan wie?

Próbuję sobie wyobrazić matkę, jak potajemnie zaciąga, a potem spłaca kredyt w banku pocztowym w Bydgoszczy.

Słyszę szmer kolejki. Kilka osób chce kupić zaległe kartki wielkanocne lub opłacić rachunki. Zaczynają się niecierpliwić.

Podnoszę wzrok na pracownicę Poczty Polskiej.

– Proszę nie mówić do mnie tym tonem – rzucam.

To kluczowy moment. Chwila, o której pisał poeta Kawafis:

Dla niektórych ludzi przychodzi taka godzina,
Kiedy muszą powiedzieć wielkie Tak
albo wielkie Nie.

Urzędniczka musi przemyśleć swoją strategię. Ponieważ dotąd jej „Nie" to było tylko małe „Nie". Zwykłe, rutynowe „Nie". Takie „Nie", które liczy, że a nuż się uda. Że się zniechęcę i zniknę razem z aktem zgonu i historią rachunku.

Pierwsze „Nie" to panadol. Herbata z malinami. Nadzieja, że samo jakoś przejdzie. Rozejdzie się po kościach. Samo się załatwi. Pochopne kiwnięcie głową, aprobujący pomruk, nieznaczny ruch powiek mogą być potraktowane jak potwierdzenie, zgoda, cyrograf niebieskim długopisem. Podpis elektroniczny z okrągłą pieczęcią. A wtedy już koniec.

– Proszę do mnie nie mówić tym tonem. – Nadymam podgardle i stroszę pióra.

Jak w tańcu, rytmicznie i harmonijnie, zmierzamy do punktu, który nosi nazwę: „Ja Na Pana Nie Krzyczę".

– Proszę na mnie nie krzyczeć.

– Ja na pana nie krzyczę.

– Właśnie że pani krzyczy.

– Pan krzyczy. Krzyczeć to pan sobie może w domu na żonę, a nie w urzędzie pocztowym.

– On krzyczy – potwierdza chór klientów. – A ludziom się spieszy.

– Ona krzyczy – rzuca chór klientów, którzy mają numerki do innego okienka.

Jeszcze nic nie jest przesądzone. Stoimy na rozstaju. Jedna droga prowadzi do: chcę rozmawiać z pani przełożonym – proszę bardzo – napiszę skargę – niech pan pisze – owszem napiszę – i rozpaczliwych prób trzaśnięcia drzwiami.

Ale jeszcze możemy pójść drogą deeskalacji.

– Ja mówię normalnie, panu coś się przesłyszało – stwierdza urzędniczka pojednawczo.

– Z pewnością – przyznaję. – Więc jak z tym abonamentem?

Zgrzyt, stuk, szuru buru – tipsy skrobią niemal przyjaźnie.

– Może to za radio?

Napięcie spada. Okręty zmieniają kurs. Samoloty wracają do bazy. Kolejka wzdycha.

Państwa upadają. Święte prawa własności przechodzą z rąk do rąk. Na polityków czeka trybunał stanu albo sąd w Hadze. Tylko urzędniczki są wieczne. Potężniejsze od premierów, prezydentów i sekretarzy. Ponieważ ich supermocą jest obojętność.

Mogą zapałać sympatią albo najeżyć się z niechęci. Ale to tylko pozór. One są ewolucją. My gatunkiem skazanym na wymarcie. Tłustym nielotem. Ociężałym przedstawicielem wielkiej fauny i lasem pierwotnym.

Liszka

„Młoda zaręczona para tworzy wewnętrzną wspólnotę zaczepno-obronną, w każdej sytuacji stającą murem we wzajemnej obronie. (...) Prawie stale w napiętej imponującej postawie, oddalone od siebie zaledwie o metr, kawki wędrują przez życie" – Konrad Lorenz.

Dobra awantura wymaga wprawy. Dobra awantura wymaga ostrożności.

Nie krzyczeć. Nie używać argumentów, które obrócą się przeciw nam. Nie miotać gróźb, których nie potrafimy spełnić. Umiejętnie rozgrywać swoje karty, nawet gdy są słabe.

Matka trenowała na poczcie. W biurze. W szkole. W administracji domów mieszkalnych. Trenowała na sprzedawczyniach. Ekspedientkach. Urzędniczkach. Rejestratorkach. Nauczycielkach. Funkcjonariuszach.

Awantury były rodzajem treningu. Bezustannie przeciąganymi grami wojennymi. Badała czas reakcji. Próbowała najwłaściwszej taktyki.

Rozpoznania bojem.

Pamiętam ją w siódmym dniu stanu wojennego:

– Chciałabym się dowiedzieć, gdzie jest mój brat. Zabrali go z domu trzej cywile.

– Jak nazwisko? – A po chwili: – Nikogo takiego nie mamy.

– W takim razie chcę zgłosić porwanie brata przez trzech mężczyzn podających się za funkcjonariuszy Służby Bezpieczeństwa.

– To ja jeszcze sprawdzę. Jak nazwisko?

Wiele miesięcy później, po którejś amnestii, słyszałem, jak pewien działacz powiedział do mojego ojca: „Z taką żoną to nie musisz się niczego bać". Słowo daję. Właśnie tak powiedział.

Najlepsze awantury urządzali we dwoje. Matka emocjonalna. Zaangażowana, na granicy histerii. Ojciec zdystansowany. Razem osiągali mistrzostwo. Matka w ataku. Ojciec ubezpieczał tyły. Na pozór niezaangażowany w rozgrywającą się scenę, gotów wkroczyć do akcji i służyć pomocą, imitując drugą, niby bezstronną opinię.

Nie byli pieniaczami. Nie odznaczali się kłótliwością. Wędrowali przez świat jak para zawadiackich kawek. Nieszukający zwady, trochę nastroszeni.

Ja nie potrafię. Najpierw zwlekam, płaszczę się z fałszywym uśmiechem, potem eksploduję. Moje awantury zaczynają się za późno i posuwają za daleko. Muszę przepraszać. Łagodzić. Wycofywać się w zmieszaniu, mamrocząc coś po drodze.

A przecież zaczynałem dobrze, w duecie z matką. Największy sukces odniosłem we wczesnym dzieciństwie.

– Okienko nieczynne – powiedziała urzędniczka.

– Jak to nieczynne? – zaatakowała matka.

– Po prostu nieczynne.

– To dlaczego pani w nim siedzi?

– Dla ozdoby! – padło w odpowiedzi.

I wtedy przyszła moja chwila. Gdzieś znad podłogi rzuciłem swoją kwestię:

– Wątpliwa ozdoba.

Matka była uszczęśliwiona. Mimo to nie wróżyła mi sukcesów.

– W końcu stracisz zęby – przestrzegała.

Ojciec – wielki miłośnik pełzających owadów, wijów i dżdżownic – pokazał mi kiedyś włochatą gąsienicę.

– Ona mówi do ptaków: zastanów się, zanim mnie zjesz – wyjaśnił.

Liszka nie miała kolców ani skorupy. Nie nadymała się jak ropucha. Nie rozkładała skrzydeł. Poprzestawała na skromnym ostrzeżeniu: „Zjedz mnie, a będę łaskotać cię w gardle".

W tym rzecz. Być zawadiacką liszką. Wesołą, pewną siebie liszką. Nie wychodzić z roli. Nie stroszyć. Nie użalać nad sobą.

– Lepiej mnie zostaw w spokoju. Ze mną nie próbuj, bo stanę ci w gardle. Khe, khe, kheee!

Jakby

Któregoś lata w Kazimierzu pojawił się instruktor jazdy konnej. Urzędował koło wału powodziowego.

Przez godzinę zegarową apatyczny koń krążył na smyczy. Przez sześćdziesiąt okrążeń jakiś szczęściarz kołysał się na końskim grzbiecie, podczas gdy kolejka chętnych przyglądała się w napięciu i zerkała na zegarki.

Matka dała się namówić. Wdrapałem się na górę i zrozumiałem, że jazda konna to walka o życie. Tymczasem na drugim końcu postronka właściciel zachwalał mój nadzwyczajny talent.

Jeszcze się nie urodził pan od ceramiki, szermierki, tenisa, który nie próbowałby tego chwytu. Wystarczy, że dzieciak trąci klawisze, a instruktor keyboardu przybiera pozę Wojciecha Żywnego. „Frycek to skarb" – powiada.

Koń człapał, ja rozpaczliwie próbowałem zachować równowagę, właściciel nawijał swoje.

– Co za swoboda – mlaskał. – Taka postawa na pierwszej lekcji! Urodzony jeździec. – Potem, zapewne próbując jeszcze jakoś rozwinąć wątek, dodał: – Niech pani spojrzy na syna. Ma minę, jakby chciał powiedzieć: „Nic mnie to wszystko nie obchodzi".

Jednak tym razem Wojciech Żywny obrał złą nutę.

– Po co płacić za lekcje, które go nie obchodzą – oświadczyła moja matka.

Koń wykonał ostatnie okrążenie i zatrzymał się na godzinie dwunastej. Spadłem na ziemię i byłem uratowany. Temat jazdy konnej nigdy już nie powrócił. Moja matka pryncypialnie nie uznawała słowa „jakby".

Dupa w kraty

Cry me a river.
Come on and cry, cry, cry me a river, cry me a river
'Cause I cried a river over you

Matka pamiętała, kto z sąsiadów zalewał się wtedy łzami. Kto milczał. Opowiadała, że stróżka oraz demokratyczna pomoc domowa po cichu złorzeczyły.

Robotnicy, chłopi i pisarze opłakiwali chorążego pokoju. Ktoś mi opowiadał, że łkał z całą grupą przedszkolną. Po paru godzinach powstał problem: dzieciom skończyły się łzy. Więc nerwowa narada przedszkolanek i decyzja. Ci, którzy już nie mogą łkać, mają zawodzić na sucho: uuu.

Gałczyński, sam już nad grobem, biedak, ułożył wiersz o tym, jak rzeki świata płaczą po wielkim patronie inwestycji hydrologicznych.

Obraz wiosennej powodzi zapowiadał już odwilż. Chwilę potem w jakimś radzieckim filmie polityczną zmianę symbolizował strumyk, słona strużka wśród śniegu.

Na razie kuzynka mojej matki o mało nie wyleciała ze szkoły, bo niefrasobliwie rzuciła: „No i umarł w butach". Donos, skandal i śledztwo, katastrofa wisi w powietrzu, ciotka uprasza dyrektora o niełamanie dziecku życia.

Jakoś rozeszło się po kościach. Przyszła destalinizacja i Chruszczow w gaju kukurydzy. Wkrótce cała historia z butem zamieniła się w jeszcze jedną anegdotę.

Ale wtedy w marcu 1953 roku, tego samego dnia – lub może trochę później, biorąc pod uwagę problemy z przepływem informacji – gdzieś na północy mijały się kolumny więźniów. Kryminalni przekazali wiadomość: „Us otkinuł chwost!".

Wąs odwalił kitę.

Wyciągnął kopyta.

Wskoczył w piórnik.

Stuknął w kalendarz.

Wykitował.

Stalinizm skończył się w chwili opisanej przez Marka Hłaskę: w amatorskim teatrze trwa właśnie przedstawienie o Korei czy przodownikach pracy, na scenę wpada jeden z widzów i wbija nóż w pierś głównego bohatera z okrzykiem: „A ty Jadźki pierdolić nie będziesz!".

Mniej więcej wtedy zaczynała się młodość moich rodziców. Już zawsze lubili takie powiedzonka.

Pierdolić w czapkę styl wysoki.

Sraty, graty, dupa w kraty.

Śmiej się jak głupi do sera.

Jak nie urok, to sraczka.

Serwus.

Kapewu?

Spierdalamento.

I te powiedzonka, którymi matka kwitowała wydarzenia.

– Nie chcę iść do szkoły. Boli mnie gardło.

– Właśnie podano komunikat o stanie zdrowia numer pięć, a teraz wstawaj, bo się spóźnisz.

Potrafię rozpoznać głos ludzi z jej pokolenia. Niby mówią prosto, ale starannie dobierają wyrazy. I zawsze ich słowa mają oddychającą, wodoodporną podszewkę ironii. Jak materiały, z których teraz robią buty.

Z jakiegoś powodu te cechy znikały w piśmie. Na papierze stawali się sztywni. Nadęci. Z biegiem lat coraz bardziej spiżowi.

Słowa ich zawiodły. Słowa ich okłamały. Potem te słowa były jak intelektualiści po Październiku. Można ich słuchać. Można nawet lubić – ale zawsze z jakimś poziomem rezerwy. Ostrożności. Z sympatią dla kogoś poobijanego, połamanego i na nowo złożonego z kawałków.

Z całym szacunkiem, nie pójdziemy za tobą w ciemno. To ty musisz nam pomóc. Jesteś naszym zakładnikiem. I słowa bardzo się starały im pomóc.

Poza tym byli młodzi w czasach, kiedy to coś znaczyło. Granica młodości była jeszcze wyraźnie zaznaczona.

Dorośli ubierali się inaczej, mówili inaczej, postępowali inaczej. Moi rodzice w ubraniach z Hofflandu, potem w bluzach z Cottonfielda, nie chcieli całkiem dorosnąć. Kazali do siebie mówić po imieniu. Więc mówiłem „Piotrek" i „Joanna", dopóki nam się to nie znudziło.

Chodzili do pracy, podejmowali się różnych zadań, poważnych i odpowiedzialnych, ale nawet do tych dojrzałych i odpowiedzialnych przedsięwzięć przystępowali z harcerskim entuzjazmem.

Zawsze towarzyszył im cień niepowagi. Coś urwisowskiego. Bezpośredniość.

Moja matka nie zostawiła maksym, złotych myśli ani przykazań.

Zbyt ostrożna, żeby miała pierwsza występować z jakąś opinią, wybuchała w odpowiedziach. W reakcjach. W szyderstwach. Zawsze gotowa do interwencji, kiedy ktoś za bardzo się nadymał.

Skrajnie podejrzliwa wobec słów, jeśli cytowała jakieś porzekadło, to z podaniem źródła.

– Pani Władzia zawsze mówiła, że o porządnych ludziach nie piszą w gazetach.

W zasadzie tę myśl można rozszerzyć. Porządni ludzie nie piszą w gazetach. Porządnych słów nie używa się w gazetach. Związek frazeologiczny, który trafił do druku, powinien zniknąć z naszego życia.

– Kto tak mówi! – krzywiła się z pogardą i litością dla nieszczęśników, których mowa uległa infekcji.

Nie lubiła książek i filmów z budującym przesłaniem, wzniosłych scenariuszy, w których okazywało się, że fantastycznie mieć zespół Downa (jej słowa). Że miłość zwycięża chorobę. Że chory znika jak mistrz Yoda. Bez sikania, odleżyn, środków przeciwbólowych. I że w ogóle trzeba się wziąć w garść. Że rodzina zawsze się jednoczy.

Nigdy nie przyjmowała rutynowych pocieszeń. Kurtuazyjnych sformułowań wypłacanych drobną monetą.

Nie znosiła eufemizmów. Kiedyś, w czasach, gdy paczek z papierosami nie kalały jeszcze ostrzegawcze napisy, przyłapała swojego pacjenta na paleniu.
– Tcraz mi pani powie, że to niezdrowe – westchnął.
– Nie – zaprzeczyła. – Powiem, że od tego dostaje się raka.
Potrafiła być gorsza od Ministerstwa Zdrowia (sama nie paliła).

Nie lubię, gdy ktoś sepleni – warczała na widok uroczej staruszki, dowcipkującej w telewizorze.
Nie była potworem. Wcześniej niż my zauważała pułapki, jakie czyhały w sentymentalizmie.
Kiedy zaczynali mówić o noszeniu dzieci pod sercem (co przywodziło na myśl kangurzycę), dostawała szału.
Wiedziała swoje. Wiedziała, że kiedy w gazetach zaczynają pisać o mrożaczkach, a w telewizji faceci w garniturach i sutannach roztkliwiają się nad komóreńkami zatopionymi w azocie, kiedy opowiadają o tych zarodeczkach maluńkich, które otwierają małe usta, by prosić „Uródź mnie, uródź" – to jak nic chcą zakazać *in vitro*.

Teoretycznie

Pewnego dnia w piątej klasie prawie strzeliłem gola. To dłuższa historia i nie warto jej opowiadać. W każdym razie nigdy nie byłem tak bliski zdobycia bramki jak wtedy na wuefie.

Dotarłem na pole karne. Zobaczyłem zdumienie na twarzy bramkarza. Trąciłem piłkę, nieśmiało, prawie pytająco. A ona niespodziewanie przyznała mi rację i bez pośpiechu skierowała się do bramki, i – chciałbym w tym miejscu coś dodać, uzupełnić, dopisać, rozciągnąć to zdanie i tamtą chwilę. Ale nie. Piłka skręciła, odbiła się od słupka i poturlała w trawę. Wszystko wróciło do normy.

Poszedłem do domu. Coś odrabiałem. W radiu leciała audycja *Filharmonia Trójki*. Czekałem, aż rozlegną się kroki, zgrzyty zamka typu Skarbiec i miękkie pacnięcie torby z zakupami o drzwi. Pospieszyłem z pomocą, żeby już w progu obwieścić swój sukces.

I w tym momencie popełniłem błąd. Postąpiłem jak dzisiejsze gazety i portale internetowe. Podkręciłem tytuł. Dla efektu. Z lenistwa. Nie znalazłem lepszego sposobu, żeby wyrazić swoje poczucie triumfu.

– Strzeliłem gola.

– Gola? – ucieszyła się matka.

– Teoretycznego gola – sprecyzowałem.

No co? Przecież zrobiłem wszystko, co należało. Nie miałem wpływu na ostateczną decyzję piłki. Na dodatek słowo „teoretyczny" znałem od niedawna, więc chętnie je stosowałem.

– Jakiego?

– Teore...

Zrozumiałem swój błąd. Chociaż nie do końca wiedziałem, jaką cenę przyjdzie mi zapłacić. Przymiotnik „teoretyczny" – jeśli połknąć samogłoski – zamienia się w pomruk.

– Strzeliłem trtczng gla – powtórzyłem.

– Strzeliłeś teoretycznego gola? – powtórzyła matka.

– Tak.

– Czyli nie strzeliłeś gola?

– Tak, nie – wkopałem się już nie tylko w językowe nadużycie, ale także w bezsensowną szamotaninę z podwójnym przeczeniem. – Właściwie to nie strzeliłem.

– Nie strzeliłeś.

Nie tylko ja poznałem ten ton. Kiedyś pacjent, niezbyt inteligentny niestety, zdobył rozwiązania testu z wiedzy ogólnej. Autorzy określili zakres poprawnych odpowiedzi, więc tamten biedaczek wykuł wszystkie rozwiązania na pamięć.

– Ile kilometrów jest do Paryża?

– Tysiąc do tysiąc pięćset – odparł.

– On jest na gumce? – spytała matka. – Ten Paryż? Zbliża się i oddala, tak?

Pani magister potrafiła być dość jadowita. Nie należała też do osób, które łatwo zamykają jakiś temat, toteż przez dłuższy czas ścigały mnie jej szyderstwa: „Co ty w ogóle potrafisz? Strzelać teoretyczne gole?".

Moja matka doceniała wysiłki, nawet nieuwieńczone sukcesem. Potrafiła zrozumieć i wybaczyć porażkę. Mogła zawiesić wyrok za kłamstwo. Wybaczyć chamstwo, tchórzostwo i słabość. Puścić mimo uszu przechwałki (z trudem). Ale nie pozwalała kombinować ze słowami.

Smoła

Z wszystkich piosenek Okudżawy ta robiła największe wrażenie. Znałem ją w polskim przekładzie. Tekst stanowił małą antologię lat sześćdziesiątych: wojennych wspomnień, podboju kosmosu, skromnej konsumpcji i jakichś dziwnych tęsknot, sentymentów i pragnień, które prowadziły w stronę romantycznych poetów, nieudolnych rewolucji – i dekabrystów marznących na placu Senackim w oczekiwaniu, aż władza zrobi z nimi porządek.

Edmund Fetting śpiewał o „cokołach, na których nie stoi już nikt". Później zauważyłem, że obraz pustych cokołów dodał tłumacz, przez co aluzja do kultu Stalina stała się bardziej czytelna niż w oryginale. Było też o rakietach, które „uwożą nas w dal" – użycie pierwszej osoby wydawało się pewną przesadą; nie tak znowu wszystkich te rakiety uwoziły.

Inna rzecz, że w czasach mojego dzieciństwa loty kosmiczne nie robiły już takiego wrażenia. Na pamiątkę po gorączce wywołanej misją Gagarina zostały szkolne czytanki i rakiety na placach zabaw. Szeleszczące koszule ze stylonu też nie budziły pożądania.

Prawdziwa tajemnica kryła się w finale:

i głowę bym dał,
że już jutro wydarzy się coś.

Pojedyncza sylaba wisiała na końcu ostatniej zwrotki. Jak kropla, która zaraz spadnie.
– Co się wydarzy? – pytałem starszych.
– Coś – odpowiadali.
– Rewolucja? – W kontekście Rosji nic innego nie przychodziło mi do głowy
– Nie.
– Więc co?
– Coś.

Coś. Zapowiedź wszystkich przyszłych wydarzeń. Skoncentrowana materia. Wszechświat przed Wielkim Wybuchem.

Byłem przekonany, że to ma związek z polityką. Że właśnie tego wyczekuje ojciec, kiedy słucha w nocy BBC. Dlatego nakleja pomarańczowe kropki na skali radia (produkował je za pomocą dziurkacza i papieru samoprzylepnego). Dlatego rysuje kreski na mniej zagłuszanych częstotliwościach.

To jest już blisko. Usłyszymy to pomiędzy trzaskami z głośnika. Może pojawi się między wierszami gazety. Może zapowie to grymas na twarzy telewizyjnego spikera. A w poniedziałek zamkną szkoły i każą wszystkim zostać w domach.

Matka kładła się wcześniej, bo i wstawała wcześniej. Jechała na ósmą.

W 1927 roku profesor Parnell z Brisbane wlał roztopioną smołę do szklanego lejka. Trzy lata później wyjął korek i pozwolił błyszczącej oleistej masie kapać. I rzeczywiście – niecały rok po Anschlussie spadła pierwsza kropla. Druga dopiero w lutym 1947 roku. Pewnie nocą, w weekend, kiedy laboratorium było zamknięte na głucho. A może przeciwnie, w świetle dnia, wśród gwaru rozmów i szumu palników, kiedy wszyscy byli zajęci i jak na złość nikt nie patrzył we właściwą stronę. Parnell zmarł w roku 1948. Nie doczekał trzeciej kropli.

W kwietniu 2014 upadek dziewiątej zarejestrowały trzy kamery internetowe. Na razie tyle. Gdzieś tam, po drugiej stronie Ziemi, rośnie dziesiąta kropla (od czasu zainstalowania klimatyzacji krople są bardziej podłużne).

Próbowałem sobie wyobrazić, jak kropla spada.

Pewnego popołudnia, jakoś po stanie wojennym, pomagałem matce w kuchni. To znaczy ona coś obierała, kroiła lub ubijała, a ja czytałem jej na głos popołudniową gazetę.

Kiedy wyczerpałem już wszystkie prawdziwe doniesienia, zacząłem zmyślać. Najpierw zaprezentowałem komunikat o likwidacji Związku Radzieckiego. Jak donosi agencja TASS, Kazachstan, korzystając z odpowiedniego artykułu konstytucji ZSRR, postanowił opuścić związek bratnich republik. (Brak reakcji). Zachęcone tym przykładem republiki nadbałtyckie ogłosiły niepodległość (nadal brak reakcji) i neutralność (ciach, ciach, ciach), reszta uznała, że ciągnięcie tego dalej nie ma sensu... (dalsze odgłosy siekania). Zaczynało mi brakować konceptu, ale wciąż imitowałem język oficjalnych komunikatów (zaczekaj, teraz pohałasuję mikserem), matka dalej nie zdradzała najmniejszego poruszenia (bzzzzz). Zastanawiałem się już, czy dla ożywienia akcji nie wprowadzić Marsjan.

– Ładne rzeczy – powiedziała w końcu. – I co dalej?

– Piszą, żeby czekać na kolejne komunikaty.

– Aha.

Kropla wisiała, ale wydarzenia rozgrywały się w czasie geologicznym.

Nawet radio zachęcało słowami skocznej piosenki: „Bądź jak kamień". Ciągle o minerałach, złomie, o diamentach i popiele. Kamienie zmieniały bieg lawiny. W dalszej perspektywie można było mieć nadzieję na zaliczenie do grona zimnych czaszek. W sumie trudno to uznać za zachęcającą perspektywę.

Czasami naprawdę się coś wydarzało. Fale paniki. Na wpół szyfrowane wiadomości przez telefon. Pogłoski o dewaluacji. Pogłoski o brance. Pogłoski o wybuchu. Przelatywały nad nami satelity szpiegowskie. Przepływały radioaktywne obłoki.

Na co dzień nasza obojętność była sucha jak piasek. Sypała się w tryby. Ścierała kontury budowli. Zasypywała piramidy. Pozostawało czekać.

Dopiero kapitalizm sprawił, że wszystko nabrało tempa. Lawina zmieniała bieg od tego, jaki kupowaliśmy jogurt. Konsumenckie decyzje nadawały kształt światu. W supermarkecie Billa czekał tuzin gatunków sera i jogurtów. Sięgaliśmy po jeden – i ten gest, zwielokrotniony przez tysiące, miliony rąk, budował czyjąś fortunę. Złotówki zamieniały się w miliony. Plasterki szynki kamieniały w warstwy chińskiego marmuru na ścianach czyjegoś pałacu. Słoiki majonezu (mamo, pomyśl o tętnicach!) zapewniały przychylność polityków i modlitwę biskupów.

Nawet lody w pudełku opłacały przepych ślubów i rozwodów, działalność charytatywną, nałogi żon i córek. Nawet kabanosy spłacały okup porywaczom.

Kapitalizm zapewniał sens. Byliśmy współodpowiedzialni za wszystkie nieszczęścia, jakie bogaczom przyniosły pieniądze.

Ojciec nie uwierzył w internet. Wieczorami nadal siedział i słuchał wiadomości. Kiedy umarł, zająłem jego miejsce na posterunku. Teraz ja dyżurowałem, nasłuchując. Mądrzyłem się, pouczałem matkę. Potem zostałem sam. Nadal gapię się nocami w telewizor. Coś się jeszcze wydarzy.

Po Marcu

Przed Marcem. W Marcu. Po Marcu. Marcowe. Jak w Marcu. Prawie jak w Marcu. Ten miesiąc tkwił w środku jej życiorysu. Jeszcze jedna rzecz, której nie rozumiałem. To znaczy – wydawało mi się, że rozumiem – czytałem, co trzeba – rozpoznawałem cytaty i bohaterów. Znałem odwieczne anegdoty, zwischenrufy, za pomocą których wymierzano sprawiedliwość uczestnikom nagonki. Te kalambury straszliwe, ten bicz na docenta Damskiego i redaktora Kura – no proszę, nie minęła ich kara – żydowski Pan Bóg sprawiedliwy – wybrał im nazwiska, które aż prosiły o grę słów.

Kibicowałem matce, kiedy zapowiadała, że pójdzie patrzeć, jak wieszają Gomułkę. Nie doczekała się, rzecz jasna. Szyderstwa, cytowane latami, to była jedyna namiastka sprawiedliwości.

Jakoś w latach dziewięćdziesiątych ukazał się pierwszy – potem było ich wiele – tom wspomnień dzieci Holokaustu. Pamiętam spotkanie, chyba już wtedy weszło do użycia określenie „promocja", pamiętam promocję tych dzieci Holokaustu – wąską salę w Muzeum Literatury, szeleszczące zimowe kurtki, wypastowaną podłogę, śnieg wytapiał się z butów, rozmazywał po żółtawych klepkach, woda wsiąkała w szczeliny – i ludzi przycupniętych na krzesłach.

Znałem rozbrykanych przyjaciół moich rodziców. Ale oni byli powojenni. Oni byli powojennymi dziećmi. Zaprogramowanymi na beztroskę. Ludzie zebrani w sklepionej sali wydawali się dużo starsi. Nigdy wcześniej nie poczułem takiego smutku.

Na końcu szarego tomu zamieszczono biogramy. Lakoniczny dowód na jakiś ciąg dalszy. Ludzie, wyciągnięci z piwnic, ze skrytek, z klasztorów, układali sobie życie. Kończyli szkoły, szli do pracy, mieli rodziny, te nowe rodziny – którym coś opowiadali albo przed którymi milczeli.

W kolejnych linijkach padały nazwy uczelni, instytucji, zakładów pracy, miejscowości, w tekście rozrzucone były daty. Każdy biogram biegł swoją drogą, był tylko jeden punkt, w którym mogły się jeszcze spotkać.

Potem nieraz to widziałem. 68. W wielu życiorysach tkwiły te cyfry. Akurat wtedy prokurator zostawał radcą prawnym w spółdzielni inwalidów. Pracownik radia emerytem. Dyrektor przechodził na rentę.

I w tamtym roku moja babcia zapłakała:

– I po co ja rodziłam te dzieci? Po co je rodziłam?

To dogrywka. Przeszłość dogoniła ich wszystkich. Ale – było, minęło. Nie od razu, nie całkiem, nie bez następstw, ale rozeszło się po kościach. Skończyło się na strachu.

Wciąż rozmawialiśmy o polityce

Przychodziłem do rodziców i rozmawiałem o polityce. Przychodziłem do owdowiałej matki i rozmawialiśmy o polityce. Ten jeden rodzaj rozmowy zawsze się kleił. Dręczyłem ją.

– Widziałaś – pytałem – wczoraj u Olejnik?

– Widziałam – mówiła. – Hitlerjugend wstrętny. (Młodych polityków nie znosiła jeszcze bardziej niż starych).

– E, przesadzasz. Bardzo zdolny człowiek. – A widząc reakcję, kontynuowałem: – I przystojny.

– Idiota – ciskała się matka. Udawałem, że nie rozumiem, kogo ma na myśli.

– Może idiota, ale prezes mu bardzo ufa.

– Bardzo śmieszne, ale już wystarczy.

– Może na niego zagłosuję.

– Tylko spróbuj.

– Zabronisz mi?

– Skończą się szarlotki. Skończą się obiadki. Wydziedziczę cię.

* * *

Specjalnie przychodziłem w porze telewizyjnej. Po raz setny oglądaliśmy tych drobnych cwaniaków. Słuchaliśmy ich paplaniny. Otyłych, powycieranych weteranów parlamentu. Łysiejących działaczy, byłych wójtów, prezesów spółek komunalnych, wicedyrektorów szkół, kierowników pływalni, którzy wreszcie wypływają na ozonowane wody krajowej polityki. A także młodszych, gładkich i błyszczących pretendentów do władzy, dostatecznie długo ćwiczonych w sztuce potakiwania, by zatracić wszelkie indywidualne cechy.

Cudownie było obserwować ich truchtanie po sejmowych korytarzach. Śledzić sojusze. Koalicje. Rejestrować wzloty i upadki.

Polityka pozwala nie myśleć o wszystkim innym. O rachunkach, wypłatach, wynikach badań. O rodzicach, do których mamy żal. O dzieciach uparcie nieszczęśliwych, mimo wszystkiego, co dla nich robimy.

Polityka to rzeczy, na które nie mamy już żadnego wpływu. Nie pomoże nitkowanie, pasta z fluorem. Nie pomoże rezygnacja z czerwonego mięsa i słodyczy. Nie pomogą ćwiczenia. Marszobiegi. Basen. Badania kontrolne.

Nie jesteśmy niczemu winni. Polityka – nasz odpowiednik angielskiej pogody.

Anegdoty

Albo tamten chłopiec, którego moja babcia spotkała w jakimś mieszkaniu. Chłopiec, któremu zabronili podchodzić do okna, żeby ktoś nie zobaczył jego śmiesznej sylwetki w szybie, i który grzecznie spytał: „Proszę pani, a czy pani już słyszała o uszach?". Bo o nosie wiedziało każde dziecko. Gdzie było to mieszkanie? W jakiej części miasta? W którym roku? Co się z nim stało?

Nasza historia składała się wyłącznie z anegdot. Bohaterowie anegdoty pojawiali się na chwilę. Wygłaszali jedną kwestię. Robili coś zabawnego i uprzejmie znikali.

Anegdota to punkt. Nasza historia składała się z rozrzuconych punktów, których nie sposób było połączyć liniami.

Anegdoty są przeciwieństwem genealogii.

Wiele lat później ludzi pochłonęło układanie drzew genealogicznych. Objeżdżali kancelarie parafialne i cmentarze. Ściągali z internetu metryki i świadectwa chrztu. Grzebali w bazach danych. Spisywali inskrypcje z nagrobków. Przeszukiwali stare nekrologi. Na koniec wchodzili w konszachty z centrum mormonów. W rezultacie powstawało drzewo. Ogromny wykres, gdzie nikt nie jest samotnym patykiem. Każdy liść trzyma się mocno. Bez szans na ucieczkę.

Choćbyś rzucił rodzinę. Zatarł ślady. Wędrował po świccic, za nic mając obowiązki wobec bliskich i społeczeństwa – i tak wylądujesz na swojej grzędzie. Opleciony liniami wstępnych i zstępnych krewnych. My mieliśmy niewielu krewnych, ale dużo anegdot.

Przychodziły rodzinne święta. Wszyscy siedzieli przy stole i opowiadali anegdoty. Każdy miał swoją rolę. Mistrzowie gatunku dostarczali nowych opowieści. Jak muzycy, którzy chcą zaprezentować materiał z nowej płyty, chociaż publiczność czeka na stare kawałki, *oldies goldies*, opowieści powtarzane rok w rok, jak modlitwy. Po latach zrozumiałem, że sformułowanie „podczas wojny, kiedy nas przenoszono" – zdawkowy wstęp do historyjki o zabijaniu głodu lekturą *Kucharza doskonałego* – że ten wstęp oznaczał warszawskie getto.

Nie poznałem dat. Następstwa wydarzeń. Nazwisk. Miejsc urodzenia. Za to słyszałem po wielokroć historię o przedwojennym bufecie na dworcu w Grodzisku. O przezroczystych ineksprymablach. O zupie żółwiowej, którą przyszło ugotować mojej babci, gdy udawała kucharkę (Co ci przyszło do głowy?). O tym, że w Hiszpanii mają pieczywo z samej skórki. Nie, żeby oszukać, tylko tak im smakuje – mówił ojciec mojego ojca ze zdziwieniem (Co ty tam robiłeś, dziadku?).

O pijanych krowach – które na Syberii (a dokładniej?) objadły się wytłoków z fabryki spirytusu. O zabawnych ogłoszeniach w żydowskiej gazecie (kto ją kupował?). O pani przełożonej w gimnazjum (jak się nazywała?). O koleżankach z celi na Serbii (za co cię tam wsadzili?). O hydrauliku, który powiedział „A kuku". Rodzice nie brali udziału w tych popisach. Nie ich styl. Nie ich czasy. Młodsze pokolenie nie miało szans w tych zawodach. Ale śmiali się w odpowiednich momentach.

Miranda

Czerwiec. Sezon na truskawki. Placek z owocami – pierwszy przedstawiciel nowego rocznika – małe kropelki syropu na powierzchni bezy. Pękate butelki z napojem Mirinda, bo lekkomyślny Gierek właśnie się szarpnął na licencję. Dziadek sceptyczny wobec nowej polityki gospodarczej – zsuwa okulary na czubek nosa – podnosi metalową zakrętkę na wysokość wzroku, obraca w palcach, powoli odczytuje nazwę. Dawno temu odsunięty od władzy. Siwy i wysoki nadal jest jedynym przystojnym mężczyzną w rodzinie.

– Siedziałem w obozie Miranda – mówi. – Miranda de Ebro.

Ale nie rozwija tematu.

Przypis

– A wy już powiedzieliście?

– Już dawno – chełpi się matka. – Już nawet nie pamiętam kiedy – dodaje (ale oczywiście pamięta). – Miał wtedy jakieś trzy lata i wszystko przeszło zupełnie naturalnie.

Ha! Proszę bardzo. Ich rodzice – a moi dziadkowie – tego nie potrafili. Dlatego całe pokolenie musiało zdobywać informacje z podejrzanych źródeł.

Dowiadywali się od kolegów na podwórku, w szatni lub pod trzepakiem. Dodajmy, iż często wiadomości były przekazywane w wulgarnej formie, zabarwione niezdrową ekscytacją lub sensacją. Na szczęście moi rodzice są inni, otwarcie poruszają trudne tematy. Nie inicjują rozmowy, ale gdy dziecko zapyta, nie wpadają w panikę, tylko rzetelnie i z szacunkiem udzielają odpowiedzi. Dostosowują słownictwo do możliwości kilkulatka, unikając eufemizmów oraz infantylnych zdrobnień. Żadnych wykrętów, tłumaczą wszystko jasno i otwarcie, jednakże bez wchodzenia w szczegóły.

– Przejeżdżaliśmy koło żydowskiego cmentarza i samo wyszło.

– Aha – gość jest pełen szacunku.

– Powiedziałam mu, że obie babcie.

– I jeszcze Tuwima dorzuciliśmy na pociechę – chichocze ojciec.

Faktycznie, Tuwim był sporą pociechą. W ogóle – mieliśmy sto pociech.

Bardzo mi brakuje moich otwartych i nowoczesnych rodziców.

Kilkadziesiąt lat później moja owdowiała matka zabierze wnuczkę na jakiś marsz pamięci pod pomnik getta. Nie wchodząc w szczegóły – ile można powiedzieć czteroletniej dziewczynce? – wyjaśni, że to marsz na pamiątkę „Żydów, którzy kiedyś mieszkali w Warszawie". A dziecko grzecznie zaakceptuje tę formułę i nie będzie się domagało szczegółów. Dopiero koło Umschlagplatzu spyta: „A jak Niemcy ich wszystkich zabili?".

Kleks

Tego słowa nie było. Tylko czasem wyskakiwało z ust jak przekleństwo. Pojawiało się w szkolnych żartach, obelgach i przezwiskach. Leksykalny wybryk. Kleks.

Należałoby otworzyć nawias z ostrożnym dopiskiem, bo przecież cały czas tkwiło w słownikach, w starych powieściach, w encyklopediach.

Grunt, że nie plamiło podręczników. Nie kalało czytanek. Nie grasowało po gazetach. Nie paskudziło ścian, murów ani tablic pamiątkowych. Trzecie znaczenie w słowniku Doroszewskiego. Kleks. Plama atramentu. Jest nawet przykład:

Gustlik wysuwał koniuszek języka, pocił się, stawiał grubaśne żydy na papierze i wzdychał po kryjomu.

Słowo pozwalało sobie na figle. Trzeci synonim – pan Kleks – trafił do tytułu najpopularniejszej w Polsce książki dla dzieci. Spokojnie mieszkał w tornistrach dziatwy i na urzędowych listach lektur. Rudowłosy bohater nie budził żadnych podejrzeń, a nazwiskiem autora nazywano przedszkola i place zabaw.

Dopiero za demokracji prawicowi radni coś skojarzyli i położyli kres tym fanaberiom.

W świecie mojego dzieciństwa nie było Żydów. To znaczy – mogli być po cichu. W czterech ścianach, w małych grupach, w domu, na cmentarzu i w przeszłości.

Sekretu strzegła cenzura. Na straży trwały dobre maniery. A czasem także uprzejmość. Obyczaje. Kultura. Takt. Niechęć do ostentacji. Kiedyś rozmawiałem ze znajomym nieżyjącego już artysty.

– Był Żydem? – spytałem.

– Skądże.

– To czemu zapisał wszystkie prace państwu Izrael?

– Nie wiem. Jego sprawa. Co to za pytanie? Nie było takiego tematu. Nigdy.

Otóż to. Nie było tematu. A poza tym jeżeli już, no wiecie, to oni zawsze mówili po polsku. Pięknie mówili, znali na pamięć *Balladynę* i *Trylogię*:

– Babciu, czy w twoim domu ktoś mówił po żydowsku?

– Skądże. Wszyscy byli wykształceni.

A w ogóle to:

– Nie mówię, że jestem Żydem, bo ludzie mogliby się poczuć nieswojo – tłumaczył starszy krewny.

Boże, jak to potwornie wkurzało moją matkę. Więc chwytała to słowo. Dźgała na oślep. Babcie i ciocie robiły wielkie oczy.

– Coś ci się przywidziało, Joasiu. Co ty możesz o tym wiedzieć. Waszego pokolenia to nie dotyczy. Ciebie to nie dotyczy. Co było, a nie jest. Chcesz dokładkę? Ale na nią to nie działało. Wdawała się w niepotrzebne dyskusje. Etniczne awantury mojej matki to były prawdziwe arcydzieła gatunku. Pamiętam pewnego zażywnego pana i jego dyżurną anegdotę:

– Miałem wątpliwą przyjemność widzieć Bergen-Belsen nazajutrz po wyzwoleniu – zaczynał – i te maleńkie Żydóweczki...

Facet chciał tylko opowiedzieć swoją najlepszą historyjkę, złoty przebój wśród urlopowych opowiastek. Zawsze zaczynał od tej „wątpliwej przyjemności" i jechał dalej. Co go podkusiło, żeby opowiadać o „maleńkich Żydóweczkach" w obecności mojej matki? Szybko pożałował. Rozszarpała drania, rozszarpała publicznie, rozerwała na strzępy w hallu domu wczasowego architektów. Sklepiony sufit jeszcze długo odbijał echem jego skargi:

– Ale co w tym obraźliwego? A jak inaczej powiedzieć, że Żydóweczka jest małego wzrostu?

Właśnie tak gorszyła zacne panie. Warczała na nauczycielki. Pacyfikowała sprzedawców. Kazała milczeć antysemickim taksówkarzom. Nie reagowała na nasze:

– Po co to robisz?

Zrywała się do walki jak przewrażliwiony semicki nosorożec. Rozzłoszczony desygnat niewymawialnego rzeczownika. Bezczelna Stara Żydowa.

– Mamo, wystarczy, chodźmy stąd, zostaw, jeszcze ktoś ci coś powie.

* * *

Miała wiele wad, ta moja matka. Była tak zwaną „trud-
ną osobą". Jak dodatkowe zadanie na szóstkę. Jak jol-
ka w sobotniej gazecie. Przyjaciele twierdzą, że mówiła
prawdę w oczy. Czasem mówiła, czasem nie. Ale jedno jest pewne: kiedy już chciała coś powiedzieć, nikt
nie potrafił jej uciszyć.

Tablica

Potem słowo zaczęło się pojawiać. Najpierw powoli i ostrożnie. W miasteczku K. odsłonięto tablicę pamiątkową.

Czasem przyjeżdżały zagraniczne wycieczki. Nasza gospodarka potrzebowała dewiz. Wycieczki wysiadały z błyszczących autokarów. Chodziły. Zaglądały. Mogły paść jakieś pytania.

Więc w 1983 roku pojawiła się tablica. Wmurowali ją przy tylnym wejściu do kina, w miejscu, gdzie pan operator wychodził na papierosa (ze środka dobiegały stłumione dialogi i szum projektora).

A gdzie mieli ją powiesić? Z przodu wisiała gablota z repertuarem. Przewiesić gablotkę – głupio. Dać tablicę obok? Jakże tak? Tu ofiary faszyzmu, a tam *Wielki wąż Chingachgook* (prod. NRD, bez ograniczeń).

No to wmurowali z tyłu. W tekście – wyobrażam sobie, ile czasu zajęło ustalanie właściwej formuły – mowa o byłych mieszkańcach. „Byłych" – jakby chodziło o dymisję. Jakby ktoś ich odwołał ze stanowiska mieszkańca.

Pamięci trzech tysięcy obywateli polskich narodowości żydowskiej, byłych mieszkańców wymordowanych przez okupanta hitlerowskiego w okresie drugiej wojny światowej.

Ciekawe, czy kamieniarzowi płacili od litery. Przymiotniki są dłuższe od rzeczowników. I całe to zdanie było długie jak tyczka. Bambusowa wędka. Mechaniczne ramię z mnóstwem przegubów, dopełnień i przydawek. Byle trzymać to słowo jak najdalej od siebie.

Tyle liter. Tyle warstw. Dopiero gdzieś na końcu dyndał, ten... Kto? Mieszkaniec. Były mieszkaniec i były okupant. Podobno w pewnym okresie ci dwaj mieli z sobą na pieńku.

Tamten inny, niedopuszczalny, rzeczownik byłby jak kleks. Balon z farbą ciśnięty o ścianę z białego kamienia. O mur kina. Byłej synagogi.

Następne lata miały przynieść koncerty klezmerskie. Restauracje z kulkami macowymi. Stoiska i stragany. Sprzedaż kosmetyków z Morza Martwego. Obrazy olejne (kolorowe domy i czarne plamy chałatów). A także figurki Żyda z pieniążkiem. Żyda ze skrzypcami. Żyda z wiadrem. Nieśmiałość minęła. I wszyscy mieli udział w zyskach.

Z wyjątkiem byłych, oczywiście.

Dyktator

Trwały czasy idealnej telewizji. Nie było pilotów. Może gdzieś w Ameryce, ale do nas nie dotarły. Tylko w jakiejś powieści kryminalnej tłumacz wykazał się inwencją i znudzeni gangsterzy pstrykali „leniwcem".

Czasami prezesi postanawiali uradować publiczność filmem Disneya lub Chaplina. Charlie nigdy nas nie nudził.

W któreś święta pokazali *Dyktatora* (1940): dwa krzyże na czerwonych flagach. Tyran i sobowtór tyrana. Poczciwy fryzjerczyk. Taniec z kulą ziemską. Wzniosła przemowa na tle wschodu słońca.

Z tego wszystkiego największe wrażenie zrobił na mnie jeden kadr.

Oczywiście wiedziałem, że to tylko dekoracje zbudowane w jakimś atelier Hollywood. Nie szkodzi. Mogli tam pić hektolitry soku pomarańczowego i whisky, jeździć chevroletami, grać jazz, nosić ciemne okulary – ale krajobraz po pogromie odtworzyli bez pudła.

Krew. Wybite szkło. Pierze. Rozrzucone rzeczy. I jeszcze witryny zabite deskami. Na nich litery, białe wapno, JEW. Czytałem to fonetycznie – coś między jękiem a ziewnięciem. Później pomyślałem, że to szyfr. Wymiana liter. Jak w *Odysei kosmicznej*: IBM ukryty w nazwie komputera HAL.

Europejski pejzaż. Świt po nocy kryształowej. Kto wymyślił tę nazwę? Królowa Lodu? Kaju. Kaju, gdzie twój brat, Abel?

Później zobaczyłem taki rysunek w albumie z rosyjskim malarstwem. Widok z poziomu ulicy. Ktoś przywarł do chodnika, wtula się w ziemię. Dostrzega żółte ściany. Dużo pierza i krwi. Szkła niewiele. Może szkło jest ozdobą bogatych i cywilizowanych miast na Zachodzie. Może stąd złudzenie, że w szklanych domach nikt nie rzuci kamieniem.

Ja też natychmiast wykonałem taki obrazek. Mój przedstawiał pustą ulicę (co oszczędziło mi trudu rysowania postaci). Ściany domów z ceglastymi łatami. Deski. Jakiś wózek.

Z filmu wziąłem ogólny nastrój, ale szczegóły oparłem na wnikliwej obserwacji. Odtworzyłem wejście do najbliższego warzywniaka, z piramidą pustych skrzynek, łuszczącą się futryną itd. Trafiłem. W tej wilgotnej norze, gdzie kupowaliśmy kiszoną kapustę i ziemniaki, przed wojną mieściła się koszerna jatka.

Na koniec wymalowałem napisy JEW, JEW, JEW i podarowałem rysunek matce. Zawsze wiedziałem, jak jej sprawić przyjemność.

Hello, Dolly

Poznałem wielu wirtuozów milczenia, ale tylko jedna ciotka osiągnęła prawdziwe mistrzostwo. Określenie „ciotka" nie oddawało istoty rzeczy. Związki pokrewieństwa były odlegle, zagmatwane, czasem cienkie jak nitka. Może nie było ich wcale. Honorowy tytuł przysługiwał osobie, z którą się znano od przedwojny. Każdy, kto pamiętał, stawał się rodziną mojej matki.

Specjalistka od kamuflażu, z włosami farbowanymi na blond. Nie wyglądała na swoje lata.

Po wojnie zatarła ślady. Przyjęła chrzest. Została katoliczką. Została ewangeliczką. Została wegetarianką (jeszcze się mówiło „jaroszką"). Chodziła do cerkwi. Wyjechała na drugi koniec Polski. Gdzieś w góry. Nad morze. Na ziemie odzyskane. Nie wiem, ale nawet teraz mam poczucie, że mówię za dużo, popełniam niewybaczalną zdradę.

Honorowa ciotka miała mnóstwo energii. Krążyła w swoich sprawach po Europie. Czasami odwiedzała moją matkę.

Kiedyś zatrzymała się u nas na kilka godzin. Ojciec miał ją odwieźć na lotnisko. W telewizji właśnie nadawali musical *Hello, Dolly*. Specjalnie wybrała pociąg, żeby zdążyć na *Hello, Dolly*. Siedziała przed telewizorem. Coś mówiła, ale nie spuszczała wzroku z Barbry Streisand.

– Fajna dzicwczyna – mówiła. – Ale z niej fajna dziewczyna, co?

Barbra była jej zwycięstwem. Zastępowała triumfy izraelskiego oręża, instalacje do odsalania wody morskiej, gaje pomarańczowe w Jaffie i fabryki traktorów.

Myślę, że tylko z nią mogła być szczera. Przed Barbrą nie musiała udawać. Barbra wszystko wiedziała, bo jakaś część ciotki wcieliła się w Barbrę. Jakby tamta żyła za nią i niczym się nie przejmowała.

I said hello, Dolly,
Well, hello, Dolly
It's so nice to have you back where you belong
You're lookin' swell, Dolly
I can tell, Dolly
You're still glowin'
You're still crowin'
You're still goin' strong.

Wiele lat później znalazłem na YouTube nagranie starego programu telewizyjnego, amerykańskiego koncertu na którąś tam rocznicę państwa Izrael. Trzeba powiedzieć, że amerykańscy Żydzi dali z siebie wszystko. Śpiewali, grali i opowiadali dowcipy. Punktem kulminacyjnym było – ach! – telefoniczne łączenie na żywo. Barbra Streisand rozmawiała z Goldą Meir. Ze sceny dzwoniła do domu byłej premier.

– Golda?

– Miło słyszeć twój głos. Szkoda, że nie mogę cię zobaczyć.

– Technika jeszcze na to nie pozwala.

– Może na moje dziewięćdziesiąte urodziny?

Golda, żydowska babcia, spoglądała z wielkiego ekranu zawieszonego nad sceną. Nie widziała Barbry, ale słyszała, jak śpiewa izraelski hymn. Ten hymn, przy którym nie da się maszerować, bo ma melodię ukraińskiej kołysanki. (Wszystko będzie dobrze; kołysanki zazwyczaj obiecują, że wszystko będzie dobrze).

Odniosłem wrażenie, że Golda Meir ma to samo spojrzenie, że spogląda na Barbrę jak ciotka, która nie była żadną ciotką i już dawno została pochowana pod cudzym nazwiskiem, z cudzą biografią, w obcym mieście, nawet nie pamiętam jakim.

Powinienem był wysłać matce link do tego filmiku, ale jakoś tego nie zrobiłem, bo byliśmy wtedy pogniewani.

Stróż

– Rodzice Piotrka ładnie się starzeją – zauważyła kiedyś moja matka.

– A twoja mama? – spytałem.

Sławetna dziecięca szczerość jest gówno warta. Dzieci są sprytne jak dział prawny tabloidu. Zawsze wiedzą, kiedy użyć znaku zapytania, uniemożliwić przyszłe pozwy: „Przecież my tylko stawiamy pytania".

– Nie.

Jedna babcia poukładana.

Druga babcia w chaosie, w smutku, w kłębach dymu (paliła klubowe). Po kątach kłębiły się przedmioty. Na meblach osiadał lepki kurz, który towarzyszy kuchenkom gazowym. Można go było drapać, aż pod spodem pokazały się słoje drewna i ślad politury.

Nawet grzbiety książek układały się w depresyjny zestaw: *Auto da fé*, *Każdy umiera w samotności*, *Czarny obelisk*. Siedziała nad krzyżówką albo nad powieścią z biblioteki. Z czasem szary papier ustąpił miejsca foliowym okładkom, ale umarła, zanim zaczęli wklejać kody kreskowe. Matka mojej matki.

Druga babcia zawsze pamiętała, żeby położyć kraciastą serwetę pod obrusem i nastawić owoce na ratafię. Taka była matka mojego ojca. Lojalna. Lojalna wobec władzy. Lojalna wobec świata. Ktoś o niej napisał, że wygląda jak dobrze zadbana czy utrzymana nauczycielka.

Rzeczywiście, niektórzy ludzie, niezależnie od profesji, zachowują się jak nauczyciele. Albo jak ktoś, kto oprowadza cudzoziemców po zakładzie pracy. Agent nieruchomości, gdy zachwala dom przy torach kolejowych.

Moja matka nie mogła jej darować tej zaradności. Do własnej matki miała żal za bezradność.

Chyba w 1985 roku telewizja pokazała fragment filmu *Shoah* – ten z polskimi chłopami, którzy stoją przed kościołem i „jak pani się skaleczy, to mnie nie boli". Pokazali to zaraz po *Dzienniku* z odpowiednim, pełnym oburzenia, komentarzem. – Patrzcie, jak nas obrażają – mówili. – Jak nas strasznie obrażają. Ciągle nas tylko obrażają. Starczy się odwrócić, a już nas obrażają. My żeśmy ich ratowali, a oni tylko czekają, żeby nas znów obrazić.

Matka mojej matki obejrzała film i nie powiedziała ani słowa.

Matka mojego ojca była oburzona. Rezonowała telewizyjne oburzenie. Wspierała je, lojalnie zestrojona z oburzonym spikerem.

Potem jeszcze wiele razy widziałem takie współ-
oburzenie. Szczere i pełne ulgi, że wreszcie można
się przyłączyć do wspólnoty dotkniętych, ogrzać przy
bratnim ogniu wspólnego gniewu.

Matka mojego ojca oświadczyła, że film Lanzmanna
jest stronniczy i niesprawiedliwy. Był to pierwszy raz,
kiedy usłyszałem, jak babcia opowiada o okupacji, wy-
chodząc poza dyżurny zestaw trzech anegdot.

A potem – tonem rozstrzygającym – przytoczyła
koronny argument:

– Raz spotkałam na ulicy stróża z kamienicy, gdzie
mieszkałam przed wojną. Na pewno mnie rozpoznał.
Musiał mnie rozpoznać. A przeszedł obok jakby nigdy nic.

Światło

Mieli wydrukować krótki nekrolog w dużej ramce. Lakoniczne słowa, dużo światła dookoła. Graficzny obraz smutku i milczenia (i nie wyglądało na skąpstwo).

Widocznie tego dnia obrodziło nieboszczykami, bo ramka się skurczyła. Marginesy zniknęły. Babcię żegnał mały nędzny prostokąt upchnięty gdzieś na dole kolumny.

– Okradli ją! – płakała matka. – Nawet to jej zabrali. Nawet tego białego jej nie zostawili. Ukradli jej powietrze.

– Mówi się „światło".

– Te przeklęte kurwy z biura ogłoszeń ukradły jej światło.

Zagłada

Pewnego dnia moje dziecko spytało:

– Dlaczego była zagłada?

Niby wiedziałem, że kiedyś to pytanie padnie, ale dlaczego już teraz? Dlaczego tak wcześnie?

– Wiesz – zacząłem. – Ludzie. Ludzie czasami.

– Ludzie?

– Niektórzy ludzie.

– Więc to przez ludzi?

– Przez ludzi. Tak. Ludzie ludziom. Znaczy. Czasami. W grupie. Ludzie. Czasami.

– Nie przez meteoryt?

– Meteoryt?

– Nie myślisz, że dinozaury wyginęły przez meteoryt?

– Oczywiście, że przez meteoryt.

Następnego dnia opowiedziałem to w pracy (a pracowałem w prawicowej gazecie). Wszyscy bardzo się śmiali, a jeden kolega spytał:

– Ale powiedziałeś jej, że Polacy nie mieli z tym nic wspólnego?

Część 3
Śmiech w odpowiednich momentach

Pewnego dnia dzwoni do mnie matka. Jesteśmy na siebie poobrażani. Nie pamiętam, o co.

– Masz tu przyjść – mówi.

– Robię coś – odpowiadam.

– Więc przyjdź, jak skończysz.

Znam ten ton. Musi mieć jakąś mocną kartę. Mocniejszą niż zwykle. Więc idę.

W przedpokoju są już koleżanki. To stały punkt naszego życia. Kiedy coś się dzieje – przychodzą koleżanki. Chór grecki. Zgromadzenie ogólne. Nagłe posiedzenie rady dyrektorów. Siadają wokół łóżka. Siadają wokół stołu. Gromadzą się wokół telefonu. Dzwonią. Szukają popielniczek. Podejmują decyzje.

Tym razem jest inaczej. Przyjaciółki ściszają głosy. Obejmują mnie. Wychodzą.

Zostaje tylko matka wciśnięta w kąt fioletowej kanapy. Obok piętrzy się stos gazet. W milczeniu podaje mi pomarańczową kartkę.

Wiem bez czytania.

Wyobrażam sobie lekarza. Patrzy na zdjęcie, dwoma palcami wstukuje opis do komputera. Zaraz wciśnie „Drukuj", sięga po kartkę. Te pomarańczowe leżą osobno. Może mają całą ryzę. Może tylko kilka arkuszy w jakiejś teczce, wstydliwie wepchniętej na dno szuflady. Albo trzeba kogoś poprosić.

– Ma siostra pomarańczową kartkę? Będzie potrzebny pomarańczowy papier.

Może powinny być czerwone, ale wtedy nie dałoby się odczytać liter.

Lekarz wkłada arkusz do drukarki. Słucha, jak głowica wypluwa litery. Koniec wiersza. Zgrzyt. Jeszcze raz od początku. Litera po literze. Czółenko tkackie.

Potem pomarańczowa kartka wędruje z rąk do rąk. Dużo białych kartek i ta jedna między nimi. Syczy przy dotknięciu. Parzy palce pielęgniarek. Trafia do nas.

Nagle matka zaczyna mówić. Opowiada, że jej ojciec się zastrzelił.

– Nigdy ci o tym nie mówiłam. Nie było mnie w domu. Przyjechali do szkoły i powiedzieli. Nigdy. Nie umiałam ci tego powiedzieć. Zresztą ktoś taki jak ty musiał się domyślić. Potem przestałam się dobrze uczyć. Nagle wszystko stało się takie trudne. Nic nie rozumiałam, ale dalej mi stawiali dobre stopnie. Stawiali mi dobre stopnie, bo mój tatuś umarł.

Potem dodaje, że komuniści byli różni. Że tak naprawdę nigdy nie ufali jej ojcu. Że był gorszy. Że to się zawsze czuło.

– Przestań – mówię. – Może się jakoś wygrzebiesz – dodaję.

– Naprawdę? – pyta.

To było jak zapomniane pismo z urzędu. Koperta wrzucona do szuflady. Formalność, o której nikt nie powiedział. Inni jakoś pamiętali, płacili, zbierali potwierdzenia. Nam rosły procenty od zaległej kwoty. Karnc odsctki.

Ale tak, oczywiście, wiedziałem. Chyba zawsze wiedziałem. Od dnia, kiedy zobaczyłem zdjęcia z pogrzebu. W kopercie z różowym stemplem agencji prasowej.

Była tam babcia z dwojgiem dzieci. W pierwszej chwili ich nie poznałem. Babcia stała jakoś dziwnie, odwrócona bokiem. Miała przerażone oczy. Dzieci też miały takie oczy. Matka miała takie oczy.

To było w niej zawsze. Teraz też siedzi bokiem, w rogu kanapy.

– Może się wygrzebiesz – powtarzam.

– Tak myślisz? – pyta zbyt skwapliwie.

Chyba się bała.

– Jedno dziecko jakoś ukryję – mówiła – z dwoma nie dałabym rady.

Snuła geometryczne spekulacje, w których uwzględniała pociąg, peron, tobołek z resztką dobytku, siłę rąk i nacisk tłumu. Tłum napiera, uścisk słabnie, tłum napiera i rozdziela ją z tym hipotetycznym drugim dzieckiem. Albo ze mną. I wszystko to jest czarno-białe jak najwybitniejsze kadry polskiej szkoły filmowej.

Lęki mojej matki były dynamiczne. Wiązały się z pośpiechem, szamotaniną i chaosem. Koniecznością podejmowania decyzji, wyborów, błędów, za które przyjdzie potem płacić.

Nie miała lęków stacjonarnych. W jej strachach – przynajmniej tych, o których opowiadała – nie było miejsca na skrytki, szafy, strychy i płytkie piwnice.

Dziadkowie mojej matki i wuj – nigdy ich nie poznała – zakończyli życie w jakimś bunkrze. Lub może w bramie, na podwórzu, na ulicy.

Może sami wyszli. Flagi. Wystrzały. Sądzili, że to już. Każdemu wolno się pomylić. Po wojnie babcia szukała śladów. Znalazła dość, by zaniechać poszukiwań i więcej już o tym nie wspominać.

Po prostu zniknęli tamtego lata. Cała trójka. Jeszcze kilka miesięcy i można by mówić o wyjątkowym pechu – tak długo im się udawało i zobacz, tuż przed końcem... Ale nie. Zniknęli pół roku przed wyzwoleniem, a razem z nimi pół miasta. Nic nadzwyczajnego.

Pod koniec życia moja matka zadbała, żeby zniknięcie zostało odnotowane w centralnym archiwum zniknętych.

Wypełniła formularze w obcym języku. Zorganizowała im nawet przybliżoną datę śmierci, 1 sierpnia 1944 roku, jakby chciała, martwych i nieznajomych, jakoś związać z opaskami, barykadami, skocznymi piosenkami, wszystkim, co ich nie dotyczyło. Zostali jako łyżka dziegciu w patriotycznej opowieści. Po co w tym grzebać. Lęki mojej matki nie miały nic wspólnego z bunkrem. Ani z walkami ulicznymi. Dotyczyły gorączkowej ucieczki.

Ostatni pociąg. Zawsze ostatni pociąg, jakby nie było wcześniejszych. Ostatnie miejsce na liście. Ostatnie nazwisko litościwie dopisane na samym dole. Jedź z nami. Nie, lepiej zostań. Mamy jeszcze jedno miejsce. Nie mamy. Jakoś się jeszcze. Zostań z rodzicami. Już, już, pospieszcie się.

* * *

Była lękowa. Wiadomość w gazecie, nazwisko w indeksie osób, jakieś słowo usłyszane w radiu wystarczały, by nagle zesztywniała.

Za to potrafiła straszyć. Uważała strach za podstawowe narzędzie wychowawcze. Chyba słusznie.

Po jej śmierci znalazłem złotą monetę. Na szmalcownika.

Pewnego dnia matka bierze za dużo morfiny. Kiedy ją znajdujemy, mówi rzeczowo: „Nie mam wylewu, nic nie złamałam". A potem jeszcze: „No, tak, trzeba do szpitala". A potem, nagle, mówi: „Yes".

– Yes.

– Co?

– Yes, yes.

– Dlaczego mówisz po angielsku?

– Body language.

– Co „body language"?

– Bądź cicho. Yes.

– Chcesz wody? Jesteś naćpana.

– Yes.

– Jeszcze?

– Yes.

– Dlaczego chcesz mówić po angielsku? Nie znasz angielskiego.

– Body language.

– Ale dlaczego?

– Cicho!... Jak długo byliśmy na podsłuchu?

– Nie byliśmy.

– iPhone nas podsłuchiwał. Oni już wiedzą.

– Nie martw się tym.

– Jadą już po nas?

– To nie jest zabronione.

– Yes!

W karetce nie trzeba zapinać pasów. To logiczne, najgorsze już się wydarzyło.

– Pan jest rodziną?

– Tak, mam dokumentację lekarską.

– Niech pan trzyma. Ktoś obejrzy.

Część szpitala, gdzie podjeżdżają karetki, wygląda jak tylne wejście supermarketu. Podjazd dla ciężarówek z zaopatrzeniem.

Za kontuarem stoi lekarka. Przyjmuje dostawę. Patrzy w papiery.

– Hospicjum domowe? Stadami ich dzisiaj przywożą.

Faceci w czerwonych kombinezonach przestępują z nogi na nogę. Lekarka zamiera nieruchoma jak jaszczurka. Nie ma miejsc. Nic nie zrobi. Nic nie poradzi.

Czerwoni nie chcą ustąpić. Jest ciepła noc. Nie chcą jej spędzić, krążąc od szpitala do szpitala z trefnym ładunkiem.

Zaczyna się dyskusja. Czerwony mówi coś o szpitalu i stopniu referencyjności. Lekarka, żeby jej nie pouczał.

W zasadzie mógłbym ją znać. Moglibyśmy mieć wspólnych znajomych. Bywać w tych samych miejscach. Może być czyjąś siostrą, kuzynką, koleżanką.

Teraz coś powiem, ona zauważy, że tu jestem, a poziomy kształt na noszach – wybrzuszenie okryte beżowym kocem – ten problem – okaże się człowiekiem. Matka całe życie mnie tego uczyła. Trenowała. To jest ten moment, ta chwila. Muszę spróbować. Moja wierna mowo, coś tam przed tobą kładłem – nie pamiętam co – weź mi teraz pomóż, kiedy cię potrzebuję.

Gdzieś czytałem, że trzeba patrzeć w oczy... Albo odwrotnie, że nie można patrzeć w oczy. W każdym razie coś z oczami. I że trzeba uczłowieczyć ofiarę. Tak, to było w *Milczeniu owiec*. Kiedy przychodzi co do czego, można liczyć tylko na kryminały.

– Wie pani – zaczynam – ja też jestem zwolennikiem eutanazji...

(Brak reakcji).

– ...ale czy musimy zaczynać od mojej matki?

(Brak reakcji).

To też z jakiejś książki. Lekarka stuka w klawiaturę. Szuka miejsca. Ulegam złudzeniu, że jestem w kinie, bileterka zaraz obróci monitor w moją stronę – czerwone zajęte, zielone wolne, ekran u góry – to może coś w dwunastym rzędzie na środku.

– Ona nazywa się tak i tak. Jeszcze wczoraj była w dobrej formie. Całkiem samodzielna – tłumaczę szybko i dodaję: – To jest bardzo inteligentna osoba.

Jakbym zachwalał towar na sprzedaż. No, dziewczyno, weź ulituj się nad nami. Nie pożałujesz. Jak za okupacji: panie oficerze, daj pan jeszcze pożyć. Panie Niemiec, to szklane oko tak ludzko na mnie patrzy.

Czekamy. Lekarka gdzieś dzwoni. Odbiera telefony. Ratownicy palą na zewnątrz. Drzwi są pootwierane. Słychać brzęczenie radia, zniekształcony głos dyspozytorki.

Lekarka mięknie.

– Osobiście jestem przeciwna hospitalizacji w takich wypadkach – mówi.

– Rozumiem, ale matka prosiła do szpitala...

– Pan wie, jaki to jest etap?

– Tak, ale chciałem powiedzieć, matka jest w tej chwili bardzo zaplątana...

– Splątana.

– Splątana, tak powiedział doktor z pogotowia, ale jeszcze przedwczoraj był z nią normalny kontakt.

– No tak, przedwczoraj – wzrusza ramionami. – Ale teraz... – urywa.

Nie drgnęła jej powieka, kiedy chciała odesłać chorą, jednak krępuje się powiedzieć „pana matka umiera". Ojczyzna-polszczyzna. W kraju zdrobnień można żywego człowieka potraktować jak truchło, ale koniecznie trzeba dodać „mama", „mamusia".

– Pana mamusia weszła na ostatnią prostą, że tak powiem.

Jeszcze raz uderza w tę swoją klawiaturę. Potem przyjmuje matkę do szpitala.

Przez chwilę myślę, że ją przekonałem. Ale to przyjaciółki mojej matki ubłagały kogoś ważniejszego.

Rano jest lepiej. Przy matce pojawia się szpitalny lekarz.
– I co się pani przydarzyło? – pyta jowialnie.
(Brak reakcji).
– Wie pani, dlaczego tu jest? – powtarza lekarz.
– Prawdopodobnie za grzechy przodków – odpowiada matka po namyśle. A potem dodaje na stronie:
– Bardzo dobrze mu powiedziałam.
Faktycznie, dobrze powiedziałaś. Brawo. Jeszcze raz ci się udało. Facet podniósł brwi. Oderwał wzrok od kartki. Spojrzał na ciebie – właściwie jak spojrzał? – ze zdziwieniem, zaskoczeniem, uznaniem? Może cię nawet zapamiętał. Już nie jesteś pakunkiem chyłkiem podrzuconym na oddział. O to ci chodziło. Wygadałaś to sobie.

– Gdzie jest Piotrek? – pyta matka.
– Przecież nie żyje.
– Ale w takim momencie powinien być – mówi.
Nadal nie przyjmuje łatwych usprawiedliwień. Nadal nie uznaje działania siły wyższej. Gdyby chciał, toby przyszedł. Śmierć to nie powód.

– Ubrałeś się jak kretyn – zmienia temat.

– Normalnie.

– Mam z tobą do porozmawiania. I to nie będzie żadne pitu-pitu. Teraz powiem, co o tobie myślę.

– Wiem, co o mnie myślisz.

– Byłeś tu rano i nawet nie zajrzałeś. Chodziłeś po korytarzu i śpiewałeś „Dziadek był w Tobruku".

– Przedawkowałaś morfinę, pamiętasz?

– Wszyscy chodziliście i śpiewaliście o Tobruku. Ta kobieta też jest w to zamieszana.

– Wydawało ci się.

– Oczu matki nie oszukasz, a szczególnie żydowskiej matki – mówi i dodaje głośniej: – Niech sobie słyszą, i co?

– Nie było mnie tutaj. Posłuchaj, czy tak mnie wychowałaś, żebym chodził rano po szpitalu i śpiewał *Pamiętaj o tym wnuku, że dziadek był w Tobruku*?

– Najwyraźniej tak, niestety.

A wieczorem:

– Cały dzień na ciebie czekam, a ty przychodzisz i zaraz idziesz.

– Mogę zostać.

– Ależ nie będę cię zatrzymywała. Czeka mnie wesoła noc.

– Źle śpisz?

– Źle.

– Budzisz się?

– Obudzę się, niestety.

Wraca do domu, ale jest wściekła.

Kiedyś, dawno temu, lekarz pierwszego kontaktu nie postawił właściwej diagnozy. Powinien był się zorientować, ale kłamała jak najęta. Tłumaczyła, że to nic poważnego. Że to sprawa wieku. Że wystarczy jakieś lekarstwo, suplement diety, terapia w specjalnej przychodni, gdzie stosują jakąś unikalną izraelską metodę. Wierzyliśmy jej.

Jego też omotała, tego poczciwca, dyplomowanego lekarza.

Później, już po tym, jak zaniepokojone koleżanki zawlokły ją na badania, kiedy wszystko już było jasne, zapałała do swojego doktora nagłą i głęboką sympatią. Za nic nie chciała go zmienić.

– Każdą receptę mi wystawi! – triumfowała.

– Zawsze odbiera telefon! – triumfowała.

– W ekspresowym tempie – triumfowała.

– Na jednej nodze – triumfowała.

Bo Ma Wyrzuty Sumienia.
Bo Teraz Sumienie Go Gryzie.

Mowa mojej matki przypominała list z żądaniem okupu. Komunikat ułożony z wycinków. Powiedzonek. Kryptocytatów. Miała słowa na każdą okazję. Posługiwała się nimi jak zestawem narzędzi. Śrubokręt do każdej śrubki. Klucz do każdego zamka.

Układała z tych słów konstrukcje. Zdania wielokrotnie złożone. Z mnóstwem podrzędnych pułapek i wilczych dołów. Zdania – plany bitew. Schematy operacji wojennych. Potrafiła wciągnąć przeciwnika w zasadzkę. Oskrzydlić. Zaatakować z flanki.

A teraz stoimy wokół niej.

– Liczę – mówi – że ktoś z mojej rodziny. Że ktoś z mojej rodziny zechce.

(Stoimy przy niej we trójkę, ale nie zwraca się do nikogo bezpośrednio. Zawstydza nas przed niewidzialnym audytorium. Liczy, że ktoś z rodziny zechce. Normalnie dodałaby „łaskawie”: „Liczę, że ktoś z mojej rodziny łaskawie zechce”).

– Liczę, że ktoś z mojej rodziny uświadomi tej kobiecie...

(Uświadomi! Tej kobiecie!)

– Uświadomi tej kobiecie, że...

(Zapomniała. Zabrakło jej słowa. Nie pamięta, jak powiedzieć „pić”, „herbata”, „kawa”, „cieplejsza”. Nie pamięta imienia opiekunki, ale jeszcze umie nas terroryzować tonem głosu).

– Liczę... – powtarza.

(Z naciskiem).
– Że ktoś z mojej rodziny.
(Ktoś. Wszystko jedno kto).
– Z mojej rodziny...
(Przypomnienie o obowiązkach).
– Zechce...
(Zechce – raczy – będzie łaskaw – zrobi mi tę uprzejmość).
– Tej kobiecie...
(Tej ciemnej, nierozgarniętej kobiecie. Opiekunce, którą tutaj przyprowadziliśmy. Opiekunce, która do niczego się nie nadaje. Którą wybraliśmy chyba na złość).
– Żeby...
(Żeby co?)
– ...
(Nie pamięta. Nie pamięta).
– Już nieważne – mówi moja matka. – Wszystko jedno.
I milknie. Tego dnia przestaje z nami rozmawiać. Nie ryzykuje. Milcząc, odzyskuje kontrolę nad słowami.

– To jakbyś się cofnęła do dzieciństwa – szepczę – jakbyś znowu miała nianię. Przypomina ją? Przypomina panią Władzię? – pytam. – Może chociaż trochę? Odpowiedź może być tylko jedna.

– Wcale.

Odtąd mieszkanie wypełnia głos opiekunki. Przemawia do matki polsko-rosyjsko-ukraińskim volapükiem.

– W szpitalu źle. W domku lepij. U nas mówią: sam pan, sam chazjain.

– Ja jej dała zupku. Mało jadła. Tyle co rano troszku zjadła... I kupku zrobiła. Ja jej dała śliwku, kieby robiła.

– Ja splju już nie tak mocno (jak zawoła, to usłyszę).

– Daj Boh, kieby wszystkie dobrze było. Daj Boh.

– Halo? Słyszysz mnie? Jak tam?

– ...

– Pogoda była ładna. Lotka robiła w świetlicy eksperyment z balonem. Bardzo dobrze wyszedł. – No. – Powiedziałaś „no"? – No. – Pogoda była ładna. Wracaliśmy ze szkoły na piechotę. Otworzył się nowy sklep. Rozdawali baloniki i czekoladki. Jesteś tam? Powiedz coś. Powiedz „no". – No. – Zaczęli sprzedawać lody. Ale nie mają biletów tramwajowych, podobno się nie opłaca. Słyszysz mnie? – ... – Jesteś zmęczona? Dać ci już spokój? Pogoda dzisiaj... Pogoda była piękna. Wracaliśmy... Dać ci już spokój? – ... – No to śpij dobrze. Dobrej nocy. Jutro przyjdę albo zadzwonię. – Dobranoc, kochanie – mówi głośno i wyraźnie.

Już nie czyta „Gazety", ale jeszcze ją trzyma pod ręką. Weekendowe wydanie, wygniecione i grube, bo nikt nie wyrzucił dodatków. Spomiędzy stron wygląda lakierowana ulotka z różnymi modelami kosiarek.

Gra telewizor.

– Jak ona się nazywa, ta aktorka? – pytam.

– ...

– To jest ta z *Kocham pana, panie Sułku*? – pytam.

– Jedyny.

– Co?

– Panie Sułku jedyny.

– To jak ona się nazywa?

– ...

Mija chwila.

– Mała zaczęła uprawiać jogging – mówię.

– ...

– Przedwczoraj pobiegła do parku.

– (Śmiech).

– Więc są koszty, bo się okazało, że do tego potrzeba specjalnych butów. Była potwornie smutna, że musi biegać w niespecjalnych butach... Robiła minę, wiesz, głodne dziecko patrzące na powidła. No więc nie wytrzymaliśmy i Marta pojechała z nią kupić te buty. Ale to jest jakaś szalenie skomplikowana sprawa. Facet w sklepie zaczął wypytywać, na jakim biega dystansie, po jakim podłożu... A ona biegła dotąd tylko raz, do parku i z powrotem, więc nie bardzo pamiętała, jaka tam była nawierzchnia.

– ...

– Więc kupiły różowe.

– (Śmiech).

Jeszcze niedawno jechały tramwajami i autobusami przez całe miasto, żeby po dramatycznych chwilach namysłu wybrać to właściwe pluszowe zwierzątko (surykatkę w zielonych spodniach? makaka w baskijskim berecie?) i triumfalnie wrócić do domu.

Po drodze zawsze miały jakieś przygody. Zahaczały o warsztaty lepienia z gliny, pokazy, festyny. Któregoś dnia przyłączyły się do marszu Wolnych Konopi, który matka omyłkowo wzięła za piknik ogrodniczy.

Nie honor było się wycofać. Po drodze tłumaczyła wnuczkom, co to znaczy zalegalizować. I że narkotyki to zło. „Czyli dobrze, że są zakazane" – zauważyło dziecko i babcia musiała cierpliwie objaśniać paradoksy liberalnego światopoglądu.

Nadal gra telewizor, ale nikt już nie włącza wideo i filmu o rozdzielonych bliźniaczkach. Dziecko siada koło łóżka. Cierpliwie opowiada dowcip. Fantastyczny dowcip przeczytany w szkolnej gazetce. Gazetka kosztuje złotówkę, cieszy się wielką popularnością w klasach jeden–trzy. Zawiera sążniste artykuły, *Ciekawostki o Gruzji*, *Zwyczaje wielkanocne w naszym regionie*, ale przede wszystkim zbiór dowcipów znalezionych w internecie.

– Więc zajączek przychodzi do sklepu i pyta: „Czy jest ser?". A sprzedawca mówi, że jest, i zajączek kupuje ser, i sobie idzie. A następnego dnia znowu kupuje ser. I następnego znowu...

– (Śmiech).

– Zaczekaj, babciu. I w końcu pewnego dnia ten sprzedawca pyta: „A po co ci, zajączku, tyle sera?". Więc zajączek mówi, żeby razem poszli. Więc idą nad jezioro i zajączek wrzuca ser do tego jeziora...

– (Śmiech).

– Nie, nie, jeszcze nie. Zajączek wrzuca ser do tego jeziora, woda znowu bulgocze, więc ten sprzedawca pyta: „Co tam mieszka, zajączku?". A zajączek mówi: „Nie wiem co, ale strasznie lubi ser".

– (Śmiech).

– A znasz o brunetce i blondynce, jak wypadły z okna, to która byłaby pierwsza na dole? Jeszcze znam tylko przychodzi baba do lekarza z żabą na głowie.

– (Śmiech).

Dowcipy się kończą. Idziemy do domu.

– Wpadniemy jakoś – obiecuję.

Popołudniami dyżurują przyjaciółki. Czytają jej na głos. Czasem przychodzę. Opowiadają, jak minął dyżur.

– Dzisiaj się nie odzywała – opowiada jedna z nich – ale kiedy czytałam jej książkę, to się śmiała.

– W odpowiednich momentach – odzywa się nagle moja matka. – Śmiałam się w odpowiednich momentach.

Potem się okaże, że to było jej ostatnie zdanie.

Kiedy przychodzę, w telewizji leci kanał Seriale. Czasami ukraiński kanał z wiadomościami. Wtedy opiekunka bierze pilota i szybko zmienia program.

W pokoju jest gorąco.

Betty udaje amerykański akcent. Wąsaty wuj i jego mikroskopijny totumfacki, lizus podobny do świerszcza. Pamiętam tego aktora, kiedyś śpiewał piosenkę o świerszczu. Może to była mrówka. Ksiądz Mateusz jedzie na rowerze. Opiekunka uśmiecha się na widok ojca Mateusza.

– Byłem tam kiedyś – mówię – w tym mieście. To jest Sandomierz.

Matka nic nie mówi. Jest spocona. Na ekranie pojawia się poczciwa gospodyni, przeciągająca samogłoski prosta kobieta. Wcielenie rozsądku. Skarbnica ludowej mądrości. W każdym serialu jest taka postać.

W 1984, w którymś odcinku *07, zgłoś się* taką rolę zagrała Ryszarda Hanin. Ubrana w fartuch, z chustką na włosach, przekonywała proboszcza-reakcjonistę, żeby współpracował z milicją, we własnym dobrze pojętym interesie. Matkę to rozzłościło.

– A ta zawsze po właściwej stronie – rzuciła w kierunku ekranu.

Ryszarda Hanin wzywała do broni jeszcze przed mikrofonami wojennej radiostacji w Kujbyszewie. Jest o tym w *Zdążyć przed Panem Bogiem*. Że w tym Kujbyszewie szczękali bronią i zagrzewali do walki. Pamiętasz?

Jeszcze niedawno było lepiej. Oglądaliśmy razem *Ojca Mateusza*. Zgadywałem, kto zabił.

– Zamknij się – mówiła matka. – Idiota – dodawała.

Trochę się popisywała przed opiekunką. Ja też się popisywałem. Teraz nic nie mówi. Jej oczy są czarne. Na skórze ma krople potu.

Seriale pokazują w kółko. Do ostatniego odcinka i z powrotem. Nie po kolei. Ona wyjedzie. On się zakocha. Ale potem znów będą razem. Postaci znikają. Pojawiają się na nowo. Czasami wracają jako wspomnienia. Nawiedzają bliskich w charakterze duchów. Czas biegnie tam i z powrotem. Szarpie się jak zacięta winda.

– Nie wszyscy księża są tacy mili – mówię do opiekunki.

– Będzie wojna – odpowiada Ukrainka. – Wy tutaj nie znacie ruskich.

– Stan mamy się pogarsza – stwierdza lekarka. – Jest nieobecna, odklejona, miałam dzisiaj kłopot z uzyskaniem odpowiedzi na proste pytania – wylicza.

Czuję się jak na wywiadówce.

– Moim zdaniem – próbuję bronić matki – ona wszystko rozumie, tylko jej się już nie chce odpowiadać.

Jakoś łatwiej mi myśleć, że po prostu już nie chce mówić. Że kontroluje sytuację. Tak jak zawsze.

– Zmęczenie chorobą? Tak, to się zdarza – przyznaje lekarka. – Ale pan rozumie, prawda?

– Rozumiem.

– Zaczęło się już odchodzenie – uściśla lekarka. – Mama jest odchodząca, pan rozumie?

– Tak.

– Zaczęło się już to. Pan rozumie? Zaczęło się to. Pan rozumie? To.

Znowu przyjeżdża pogotowie. Trzech facetów. Mnóstwo czerwonego goreteksu. Szczękające nosze na kółkach.

– Przecież ja pana znam – mówię. – Był pan już u nas latem zeszłego roku. Opowiadał pan o swoim tacie.

Ratownik ucieka wzrokiem. Może nie wolno im opowiadać, jak umierali ich rodzice. Albo nie chce, żeby pozostali się dowiedzieli.

– Ostatni wypis ze szpitala chciałbym zobaczyć. Wypis. Ma pan wypis? Dowód osobisty poproszę. Ukłuję. Zmierzę temperaturę. Ciśnienie.

Strach.

– Możemy hospitalizować – mówi ten, którego nie znam. – Możemy hospitalizować, jeżeli chcecie.

– Nie, nie chcemy.

– To proszę krzyżyk w tej kratce, nie wyrażam zgody, tu podpisać.

Ratownik, który karmił swojego ojca jak niemowlę, najpierw łyżeczką, a potem smoczkiem, daje mi znak. Kiwa głową (dobrze robisz).

– Żaden szpital i tak by jej nie przyjął – zauważa półgłosem.

– Jeszcze tu podpisać. I tu.

– Nigdzie nie jedziemy – mówię do matki.

Maszyna z morfiną pomrukuje.

– Panie Marcin, ona tak strasznie jęczy – mówi opiekunka.

Nic się nie martw.

No już. No już. No już.

Już się nie złość. Już się nie martw. Już się nie bój.

Już. Już.

Ale cię kocham.

Wszyscy cię kochają. Wszyscy cię kochają. Wszyscy
cię kochają. Wszyscy cię kochają. Wszyscy cię kochają.

Już się nie martw. Już się nie złość.

Już się nie bój.

Już wiem. Już rozumiem.

Już się nie bój.

– Zostawię panu numer, jeśli to będzie przed szó-
stą rano, to pan do nich zadzwoni. Do nocnej pomocy.

Następnej nocy dzwonię. Dzwonię o czwartej. Dwie
godziny później („Przyjedziemy za dwie godziny, to
czas dla państwa") pojawia się młoda kobieta. Ma ka-
mizelkę odblaskową z napisem „Lekarz".

– To pani ostatni wyjazd?

– Tak.

Nocna pomoc. Ale jest już ranek i nic nie można
pomóc.

Lekarka zostawia jakieś formularze. Opiekunka
dzwoni na Ukrainę. Potem wychodzi. Zostaję sam. Zostaję sam z ciałem. Nie patrzę w tamtą stronę.

Słychać pierwsze tramwaje. Czuję spokój, jak wtedy, kiedy patrzymy na jakąś solidnie wykonaną, za-
kończoną już pracę.

– Well done, mamo.

– Yes.

Karawan stoi przed domem. Jest bordowy ("żeby ni-
komu nie było smutno" – powiedziałaby moja matka).
Ma z boku logo. Gałązkę i napis po łacinie.

Kierowca zamyka drzwi. Nagle przychodzi mi do
głowy, że chyba powinienem mu dać jakieś pieniądze,
napiwek albo łapówkę, że w tej sprawie musi być jakaś reguła, o której nikt mi nie powiedział.

Facet uchyla szybę.

– Pan zaczeka – mówię i podaję mu pięćdziesiąt
złotych. – Tylko żeby nie trzęsło – proszę, bo wydaje
mi się, że powinienem coś powiedzieć.

Potem nic, aż do dnia, kiedy wchodzimy do jej mieszkania, żeby zanieść dwa kartony wina, wodę mineralną i sok na stypę, która teraz nazywa się „konsolacją" albo „wpadnijcie po pogrzebie".

W powietrzu jeszcze wisi sieć Wi-Fi. Sąsiedzi widzą nazwę na swoich telefonach i tabletach – ale już tylko ja wiem, że to imię psa, którego miała w dzieciństwie. Jak brzmiała magiczna formuła? Oczywiście: To nie był kundel, tylko jamnik skrzyżowany z wodołazem. Miał błonę między palcami.

Trzeba przewietrzyć. Trzeba wyłączyć modem. Trzeba się pozbyć tych rzeczy. Gdzieś zadzwonić. Dać ogłoszenie. A potem pożyć swoje.

I jeszcze:

Otwarte opakowania kawy trzymać w lodówce.

Obcinać końcówki bananów.

Nie żałować czosnku do sałaty.

Od czasu do czasu mówić prawdę prosto w oczy. Nie zawsze, ale na tyle często, żeby się nas obawiali.

Tyle.

Książki, które mi zostały

Jane Austen, *Emma*, przeł. Jadwiga Dmochowska, Warszawa 1963.

Dzieci Holocaustu mówią, praca zbiorowa, red. Wiktoria Śliwowska, Warszawa 1993.

Lydia Flem, *Jak likwidowałam dom moich rodziców*, przeł. Elżbieta Burakowska, Warszawa 2005.

Anne Goscinny, *Tato*, przeł. Magdalena Talar, Kraków 2013.

Marek Hłasko, *Utwory wybrane*, t. 5: *Piękni, dwudziestoletni*, Warszawa 1989.

Wieniedikt Jerofiejew, *Moskwa-Pietuszki. Poemat*, przeł. Nina Karsov, Szymon Szechter, Londyn 1976.

Konstandinos Kawafis, *Che fece... il gran rifiuto*, przeł. Zygmun Kubiak, w: Konstandinos Kawafis, *Wiersze zebrane*, Warszawa 1995.

Книга о вкусной и здоровой пище, praca zbiorowa, Москва 1952.

Maria Lemnis, Henryk Vitry, *Książka kucharska dla samotnych i zakochanych* [bez okładki i strony tytułowej, bez daty i miejsca wydania].

Maria Lemnis, Henryk Vitry, *W staropolskiej kuchni i przy polskim stole*, Warszawa 1979.

Konrad Lorenz, *Rozmowy ze zwierzętami*, przeł. Barbara Tarnas, Warszawa 2014.

Antoni Słonimski, *Jawa i mrzonka*, Warszawa 1966.

Jurij Trifonow, *Czas i miejsce*, przeł. Janina Dziarnowska, Warszawa 1985.

Ludmiła Ulicka, *Zielony namiot*, przeł. Jerzy Redlich, Warszawa 2013.

Wiktor Woroszylski, *Cyryl, gdzie jesteś?*, Warszawa 1962.

Maria Zientarowa, *Drobne ustroje*, Warszawa 1980.

Podręcznik do angielskiego, bez okładki i strony tytułowej, bez autora, daty i miejsca wydania.

I wiele innych.

Fragment o papierze i latach osiemdziesiątych (s. 28–
–29) został opublikowany w felietonie *Papiery i ludzie*,
„Gazeta Wyborcza", 24 września 2016. O historii długopisu (s. 91) pisałem także w *Parias designu*, „Viva Moda"
2015, nr 3. Korzystałem z tekstu Włodzimierza Kalickiego, *Lubię duży pieniądz, rozmowa z Andrzejem Heidrichem, projektantem banknotów*, „Gazeta Wyborcza",
27 września 2004, Wyborcza.pl [dostęp 2 lutego 2017].

Kuchnia mojej matki to tytuł poematu Lucjana Szenwalda (1909–1944).

Jestem wdzięczny przyjaciółkom mojej matki. Nigdy jej nie opuściły. Dziękuję tym, które podzieliły się ze mną swoimi wspomnieniami (jedno pozwoliłem sobie przytoczyć na s. 87).

Redakcja: Małgorzata Szczurek
Opieka redakcyjna: Ewa Ślusarczyk
Korekta: Kamil Bogusiewicz
Projekt graficzny i skład: Przemek Dębowski
Złożono krojem pisma *Baskerville 10 Pro*

Druk: Readme
ul. Olechowska 83, 92-403 Łódź

Wydawnictwo Karakter
ul. Grabowskiego 13/1, 31-126 Kraków
karakter.pl

Zapraszamy instytucje, organizacje oraz biblioteki do składania
zamówień hurtowych z atrakcyjnymi rabatami.
Dodatkowe informacje dostępne pod adresem sprzedaz@karakter.pl
oraz pod numerem telefonu 511 630 317